Cómo
oír
a Díos

=

Cómo oír a Dios

=

Joyce Meyer

CASA CREACIÓN

Cómo oír a Dios por Joyce Meyer
Publicado por Casa Creación
Una compañía de Strang Communications
600 Rinehart Road
Lake Mary, Florida 32746
www.casacreacion.com

A menos que se indique lo contrario, todos
los textos bíblicos han sido tomados de la versión Reina-Valera, de
la *Santa Biblia*, revisión 1960. Usado con permiso.

También se han usado las siguientes versiones:
La Biblia de las Américas (LBLA), © 1986,
por The Lockman Foundation;
y *Nueva Versión Internacional* (NVI) © 1999
por la Sociedad Bíblica Internacional.
Usadas con permiso.

Este libro fue publicado originalmente en inglés
con el título: *How to hear from God*, Copyright © 2003 por
Warner Faith, una división de AOL Time Warner Book Group.

Traducido por Carolina Laura Graciosi
Editado por María del C. Fabbrí Rojas
Diseño interior por: Lillian L. McAnally

Library of Congress Control Number: 2004103201
ISBN: 1-59185-425-3
Impreso en los Estados Unidos de América
05 06 07 08   9 8 7 6 5 4

Contenido

Introducción

=

Aprender a oír la voz de Dios y a ser dirigidos por su Espíritu Santo es realmente apasionante. Dios quiere hablarnos del plan que tiene para nuestras vidas. El suyo es un buen plan, pero corremos el peligro de pasarlo por alto si no aprendemos a escuchar y obedecer la voz de Dios.

Hablamos a nuestros hijos todo el tiempo, ¿por qué el Padre Celestial no habría de hablarles a sus hijos? Nosotros no esperaríamos que nuestros hijos sepan lo que queremos que hagan si antes no lo hablamos con ellos, ¿por qué Dios no habría de sentir lo mismo?

Dios quiere hablarnos acerca de ese buen plan que tiene para nuestras vidas. Él envió al Espíritu Santo para que habite en nosotros y sea nuestro Consejero y Ayudador en la vida y también en otros aspectos. Juan 14:26 dice que Él nos enseñará todas las cosas y nos traerá a memoria las que Dios nos ha enseñado. El Espíritu Santo es el Espíritu de Verdad; por lo tanto, nos guiará a la verdad, no al error.

Dios nos habla de muchas maneras; éstas incluyen las siguientes –pero sin limitarse a ellas: su Palabra, la naturaleza, las personas, las circunstancias, la paz, la sabiduría, la intervención sobrenatural, sueños y visiones, y lo que llamamos el testigo interior. A este último se lo describe como una "intuición" en lo profundo de nuestro ser. Dios también nos habla con lo que la Biblia llama un silbo suave y apacible, que creo que se refiere a este testigo interno.

Dios también nos habla por medio de nuestra conciencia, de nuestros deseos, y de una voz audible. Algunos consideran raro, y otros imposible, oír la voz de Dios. En mi vida he oído la voz audible de Dios en tres o cuatro oportunidades, dos de las cuales ocurrieron a la noche, cuando fui despertada por su voz que decía mi nombre. Todo lo que oí fue: "Joyce", pero supe que era Dios que me estaba llamando. No me dijo qué quería, pero intuitivamente supe que tenía que ver con un llamado de mi vida al ministerio, aunque no obtuve claridad al respecto sino varios años después.

También oí la voz audible de Dios el día en que fui llena del Espíritu Santo, en febrero de 1976. Esa mañana le grité a Dios que mi vida era un desastre, le dije que estaba faltando algo en mi relación con Él, y que sentía que había llegado al final de la cuerda, por así decirlo.

Su voz pareció llenar el interior del coche, y simplemente dijo: "Joyce, te he estado enseñando paciencia". Puesto que ésa era la primera vez que oía algo de semejante magnitud, me causó tanto emoción como conmoción. Intuitivamente supe lo que me quería decir, pues unos meses antes de ese momento le había pedido a Dios que me enseñara paciencia, sin darme cuenta de que la lección incluiría un largo período durante el cual sentiría que mi vida estaba en suspenso. La frustración que ese sentimiento me produjo alcanzó su punto límite esa mañana de febrero, cuando clamé a Dios con desesperación, pidiéndole que hiciera algo y que me diera lo que me estaba faltando, sea lo que fuere. Cuando oí la voz de Dios, repentinamente me sentí llena de fe en que Él haría algo maravilloso en mi vida y, aunque no sabía qué sería, viví el día con expectativa y acción de gracias. Esa noche en mi auto, mientras regresaba del trabajo a casa, el Espíritu de Dios me tocó de una forma especial y me llenó con su presencia.

Ese suceso fue el comienzo de una nueva dimensión en mi relación con Dios. Y creo, sin temor a equivocarme, que antes de entrar a un nuevo nivel de relación con Dios, Él nos habla de alguna manera. Pídele a Dios que abra tus oídos y los santifique para hacerlos sensibles a su voz. Él quiere hablarte, desarrollar una relación más íntima contigo. Como creyente nacido de nuevo en Jesús, tienes el privilegio y el derecho de gozar de la comunión diaria con Dios el Padre, con Jesucristo su Hijo, y con el Espíritu Santo.

Debemos pedirle a Dios que circuncide nuestros oídos para no distraernos con los deseos carnales, que nos impiden oír su voz suave y apacible. Necesitamos aprender a escuchar, porque es imposible oír sin escuchar. No podemos oír a Dios muy bien cuando nuestras vidas están excesivamente ocupadas y saturadas de ruido; para poder oírlo, entonces, necesitamos aprender a disfrutar de la soledad, y asegurarnos de hacerlo con regularidad. Este libro te ayudará a aprender a crear esa atmósfera propicia para oír a Dios en tu vida.

La Biblia nos dice que los pasos del hombre son ordenados por el Señor (ver Sal 37:23), y que podemos confiar en que Él no dejará que perdamos el rumbo. En este libro quiero compartir las distintas formas de vencer algunos de los obstáculos para oír a Dios y de desarrollar una conciencia sensible y en sintonía con la voz de Dios.

Este libro te ayudará a gozar del placer de vivir una vida guiada por el Espíritu y te mostrará cómo oír a Dios y no permitir que Satanás, el engañador, te desvíe del camino.

Primera parte

=

Aprende a escuchar

"Mirad, pues, como oís; porque a todo el que tiene, se le dará; y a todo el que no tiene, aun lo que piensa tener se le quitará".
—JESÚS, EN LUCAS 8:18

1

Dios nos habla todos los días

=

El mundo hace que nos resulte relativamente fácil llenarnos los oídos con toda clase de cosas que ahogan la voz de Dios y lo alejan a Él, relegándolo más y más a un lugar secundario en nuestras vidas. Sin embargo, a cada persona le llegará un día en que lo único que le quede será Dios. Todas las otras cosas de la vida finalmente pasarán; pero cuando esto suceda, Dios seguirá estando allí.

La Palabra de Dios enseña que lo que se conoce de Dios es evidente para todos porque Él se dio a conocer en la conciencia interna de cada ser humano (ver Ro 1:19-21). Algún día, cada uno de nosotros comparecerá delante de Él para dar cuenta de su vida (ver Ro 14:12). Cuando rehusamos servir a Dios con nuestra vida, queriendo seguir nuestro propio camino, encontramos formas de tapar e ignorar ese instintivo conocimiento interno del Creador, que quiere hablarnos y guiarnos por el camino que debemos seguir.

Nada podrá satisfacer nuestro anhelo de Dios, sino la comunión y el compañerismo con Él. El profeta Isaías expresó tan bien nuestra hambre de Dios cuando escribió: "En la noche (oh, Señor) te desea mi alma, en verdad mi espíritu dentro de mí te busca con diligencia" (Is 26:9

LBLA). El apóstol Juan escribió: "Y el mundo pasa, y sus deseos, pero el que hace la voluntad de Dios permanece para siempre" (1 Jn 2:17).

Oír a Dios es vital para poder disfrutar de su plan eterno para nuestras vidas. Pero escucharlo es nuestra decisión; nadie más puede hacerlo por nosotros. Él no nos *forzará* a elegir su voluntad, pero hará todo lo posible para *estimularnos* a aceptar sus caminos.

Dios quiere participar hasta de los mínimos detalles de nuestra vida. Su Palabra dice que debemos reconocerlo en *todos nuestros caminos,* y Él enderezará nuestras sendas (ver Pr 3:6). Reconocer a Dios significa interesarnos en lo que Él piensa y pedirle su opinión. El versículo 7 de Proverbios 3, dice: "No seas sabio en tu propia opinión". En otras palabras: ni siquiera se te ocurra pensar que puedes tomar las riendas de tu propia vida y gobernarla bien sin la ayuda y la dirección de Dios. A la mayoría nos toma demasiado tiempo aprender esta importante lección.

Aunque amaba sinceramente a Jesús, asistí a la iglesia durante años sin saber que Dios le habla a la gente. Yo observaba todas las reglas y fiestas religiosas, e iba a la iglesia todos los domingos. Cumplía sinceramente todo lo que por entonces sabía que debía hacer; pero no bastaba para satisfacer mi anhelo de Dios.

Aunque hubiera dedicado cada momento a la iglesia o a la Biblia, no habría logrado apagar esa sed de una profunda comunión con el Señor. Necesitaba hablarle de mi pasado y oírlo hablarme de mi futuro; pero nadie me enseñó que Dios quería hablar directamente conmigo. Tampoco nadie tenía respuesta para el sentimiento de insatisfacción que me embargaba.

Al leer la Palabra, aprendí que Dios sí desea hablarnos, y que tiene para nuestras vidas un plan que nos dirigirá hacia un lugar de paz y contentamiento. Es la voluntad de Dios que alcancemos el conocimiento de ese plan por medio de su divina guía. Esto que voy a decir podrá sonarte algo extremo, pero creo que todavía hay muchos que se preguntan si realmente Dios le habla a la gente. Y, si lo hace, entonces se preguntan:

- ¿Realmente está interesado Dios en dirigir nuestras vidas cada día?
- ¿De verdad Él quiere participar de los más pequeños detalles de nuestra vida?
- ¿O solamente deberíamos acudir a Dios y esperar oírlo en esas situaciones tan difíciles que no podemos resolver por nosotros mismos?

La Biblia enseña que Dios tiene un plan maravilloso para todo aquel que pone su fe en Jesucristo como el Señor de su vida. Ese plan es completo y detallado, y conducirá a una vida abundante a todos los que sigan al Señor.

Pero estoy convencida de que sólo unos pocos alcanzan el cumplimiento del plan perfecto de Dios para sus vidas, simplemente porque la mayoría de la gente no sabe cómo oír las indicaciones de Dios para poder seguirlas. En lugar de eso, deciden (inconscientemente o no) seguir su propio camino. Serían muchos más los que podrían caminar en la perfecta voluntad de Dios si tan sólo aprendieran cómo oírlo y seguir sus instrucciones.

Nunca dudes en presentar a Dios las cosas que consideras pequeñas o insignificantes; en definitiva, *todo* es pequeño para Dios. A veces actuamos como si pensáramos que abusaríamos de Él si le pidiéramos demasiada ayuda. Recuerdo a una mujer que vino a solicitar oración, y

> Dios tiene para nuestras vidas un plan que nos guiará a un lugar apacible.

me preguntó si estaría bien pedirle a Dios dos cosas; aseguró que si no, pediría una sola.

Es vital saber lo que la Palabra de Dios dice acerca del

papel que Él tiene en nuestras vidas, porque confirma que su divino plan está íntimamente ligado con todo lo que nos concierne.

"«Porque yo sé los pensamientos que tengo acerca de vosotros, dice Jehová, pensamientos de paz y no de mal, para daros el fin que esperáis. Entonces me invocaréis, y vendréis y oraréis a mí, y yo os oiré; y me buscaréis y me hallaréis, porque me buscaréis de todo vuestro corazón. Y seré hallado por vosotros, dice Jehová, y haré volver vuestra cautividad, y os reuniré de todas las naciones y de todos los lugares adonde os arrojé, dice Jehová; y os haré volver al lugar de donde os hice llevar»" (Jer 29:11-14).

Espera que Él te hable

Jesús dijo a sus discípulos: "Aún tengo muchas cosas que deciros, pero ahora no *las* podéis soportar. Pero cuando Él, el Espíritu de verdad venga, os guiará a toda la verdad, porque no hablará por su propia cuenta, sino que hablará todo lo que oiga, y os hará saber lo que habrá de venir" (Jn 16:12-13, LBLA). También les dijo que el Espíritu Santo nos enseñaría todas las cosas y que nos recordaría todo lo que Dios dijo en su Palabra (ver Jn 14:26).

Cuando Jesús habló estas palabras, se estaba dirigiendo a hombres con quienes había compartido esos últimos tres años; habían estado con Él día y noche, y aun así les dijo que tenía más cosas que enseñarles. Bien podríamos pensar que si Jesús en persona hubiera estado con nosotros durante tres años, día y noche, habríamos aprendido todo lo que había que saber. Creo que si yo compartiera un mes completo con la misma gente, podría decirles todo lo que sé. Sin embargo, Jesús dijo que esperemos más, porque Él siempre tiene algo que decirnos sobre las nuevas situaciones que nos toca enfrentar.

Jesús siempre sabía lo que era correcto hacer, puesto que sólo hacía lo que veía hacer a su Padre. Como nuestro Señor, podemos confiar que Él nos guía cada día por el camino correcto. Él es el Hijo Unigénito de Dios, pero nosotros también somos hijos e hijas adoptados por Dios, y debemos imitarlo en todo lo que hacemos. Él se hizo carne y experimentó todo lo que a nosotros nos toca vivir, por eso entiende nuestras necesidades. Fué bautizado en el Espíritu Santo, así como nosotros necesitamos recibir ese bautismo (ver Jn 1:32-33). Y era guiado por el Espíritu, de la misma manera en que nosotros podemos ser guiados por Él, porque ascendió a los cielos y envió al Espíritu Santo para que nos dirija y nos encamine.

En Juan 16:13, Jesús continúa explicando la obra del Espíritu en nuestras vidas, diciendo: "…porque no hablará por su propia cuenta, sino que hablará todo lo que oiga, y os hará saber lo que habrá de venir" (LBLA).

> **Él es nuestro Guía y Maestro de la verdad, nuestro Consejero y Ayudador.**

El libro de Juan ofrece un estudio extensivo de la promesa que Dios hizo de guiarnos íntimamente. En el capítulo 6, Jesús dijo: "Escrito está en los profetas: 'Y todos serán enseñados por Dios.' Todo el que ha oído y aprendido del Padre, viene a mí" (v. 45, LBLA).

Como Dios sabía que necesitaríamos ayuda para entender su plan para nosotros, envió al Espíritu Santo para que habitara en el interior de cada cristiano. Él es nuestro Guía, nuestro Maestro de la verdad, nuestro Consejero y Ayudador. También es nuestro Consolador, o *parakletos* (par-ak'-lay-tos), término que, según el *Vine Diccionario Expositivo de Palabras del Antiguo y del Nuevo Testamento*

Exhaustivo7, es alguien "llamado a nuestro lado". [1] El término "era utilizado en las cortes de justicia para denotar a un asesor legal, un defensor, un abogado... que defiende la causa de otro, un intercesor". [2] El Espíritu Santo nos promete que nunca nos dejará ni nos abandonará. Podremos vivir una vida abundante, si aprendemos a *escuchar* su voz. Jesús dijo que era mejor que Él se fuera, porque si no se iba, el Consolador (el Espíritu Santo) no vendría a nosotros (ver Jn 16:7). Jesucristo estaba limitado a un cuerpo como nosotros, por eso sólo podía estar en un lugar a la vez. Pero el Espíritu Santo puede estar en todos y cada uno de nosotros todo el tiempo, dondequiera que vayamos, para dirigirnos y guiarnos en forma personal. En Juan 14:15-20 Jesús explica:

> "Si me amáis, guardaréis mis mandamientos. Y yo rogaré al Padre, y Él os dará otro Consolador para que esté con vosotros para siempre; *es decir*, el Espíritu de verdad, a quien el mundo no puede recibir, porque no le ve ni le conoce, *pero* vosotros sí le conocéis porque mora con vosotros y estará en vosotros. No os dejaré huérfanos, vendré a vosotros. Un poco más de tiempo y el mundo no me verá más, pero vosotros me veréis; porque yo vivo, vosotros también viviréis. En ese día conoceréis que yo estoy en mi Padre, y vosotros en mí, y yo en vosotros" (Jn 14:15-20, LBLA).

Jesús dijo que Él mismo vendría a nosotros y que nos daríamos cuenta de que está en nosotros.

Espera oírle

Por medio de Cristo, y el poder de su Espíritu Santo, Dios quiere hablarte cada día, desarrollando una relación personal contigo; quiere guiarte paso a paso hacia las cosas buenas que tiene preparadas para ti. Dios está interesado aun en los detalles ínfimos de tu vida; y hasta tiene contados los cabellos de tu cabeza (ver Mt 10:30). Le importan los deseos de tu corazón y quiere revelarte la verdad que te hará libre de toda preocupación o temor.

Dios planeó tener comunión íntima contigo antes de que nacieras. El salmista dijo de Dios: "Tus ojos vieron mi embrión, y en tu libro se escribieron *todos los días que me fueron dados, cuando no existía ni uno solo de ellos*" (Sal 139:16, LBLA, énfasis de la autora).

En el libro de los Hechos, el apóstol Pablo dijo de Dios: "De un solo hombre hizo todas las naciones para que habitaran toda la tierra; y *determinó los períodos de su historia y las fronteras de sus territorios*. Esto lo hizo Dios para que todos lo busquen y, aunque sea a tientas, lo encuentren. En verdad, él no está lejos de ninguno de nosotros" (Hch 17: 26-27, NVI, énfasis de la autora).

Si, antes de que nazcamos, Dios conoce todos y cada uno de los días de nuestra vida, y sabe dónde vamos a vivir, ¿no es lógico que sea importante aprender a oírlo? Oír la voz de Dios no sólo es apasionante, sino que además nos mantiene en el camino correcto.

En Mateo 7:13-14, Jesús habló de un camino angosto que lleva a la vida y otro espacioso que lleva a la destrucción, y nos dijo que permaneciéramos en el angosto. Si logramos discernir la voz de Dios, podremos advertir si nos estamos desviando hacia el camino equivocado, y enmendarlo antes de cosechar los resultados de una mala decisión.

Oír la voz de Dios a través del día ha llegado a ser mi modo natural de vivir desde que recibí la llenura del Espíritu que Jesús nos prometió. El Padre dará a todo el que se lo pida el don de Su Espíritu Santo (ver Lc 11:13), quien nos ayudará a entender la Biblia para poder aplicar su sabiduría a nuestra vida (ver Jn 14:26). Quiero enfatizar una vez más que cada uno de nosotros *puede* oír a Dios y ser guiado *diariamente* por su Espíritu.

Parece increíble que Dios pueda tener un plan para cada

persona de la tierra, pero también produce gran paz saber que Él puede tomar nuestro caos y convertirlo en algo valioso y significativo. Y nos revelará ese plan a través de una comunión íntima con Él.

Si deseas llegar a conocer a Dios a profundidad, te recomiendo que leas mi libro titulado *Conozca a Dios íntimamente*, en el que comparto de modo más detallado cómo puedes acercarte a Dios tanto como quieras.

Dios nos ofrece una comunión perpetua

Un día, el Salmo 48:14 alegró mi corazón, porque dice que Dios ¡nos guiará aun más allá de la muerte! ¡Qué maravilloso es saber que tenemos un guía que nos lleva desde una estación de esta vida hacia la próxima! Cuando mi esposo Dave y yo viajamos, solemos contratar un guía para que nos muestre los lugares más importantes y mejores, para visitarlos.

En una ocasión decidimos explorar por nuestra propia cuenta, así podríamos hacer lo que quisiéramos y cuando lo deseáramos. Sin embargo, muy pronto vimos que nuestras excursiones independientes eran un rotundo fracaso. Con frecuencia pasábamos gran parte del día perdidos, y desperdiciábamos mucho tiempo tratando de hallar el camino de regreso. Así que concluimos que aprovecharíamos mucho mejor nuestro tiempo siguiendo a un guía, que deambulando sin rumbo e intentando encontrar esos sitios por nuestros propios medios.

Creo que este ejemplo se aplica al modo en que actuamos en la vida. Deseamos tomar nuestro propio rumbo para poder hacer lo que queremos y cuando queremos, pero, en realidad, terminamos perdiéndonos y malgastando nuestra vida. Necesitamos que el Espíritu Santo nos guíe cada día de nuestro tiempo en esta tierra. Dios se comprometió a guiarnos hasta que dejemos esta vida, así que parece importante aprender a oír lo que Él nos dice.

Uno de los mayores beneficios de escuchar a Dios es que Él nos ayuda a prepararnos para el futuro. El Espíritu Santo nos da el mensaje que el Padre le ha dado para nosotros. Nos anuncia y declara las cosas que ocurrirán en el futuro (ver Jn 16:13 otra vez).

En la Biblia hay muchos ejemplos en los que Dios dio a la gente información sobre el futuro. Le dijo a Noé que se preparara para el diluvio que destruiría a todos los habitantes de la tierra (ver Gn 6:13-17). Le dijo a Moisés que se presentara delante del Faraón para pedir que los israelitas fueran libe-

> Necesitamos que el Espíritu Santo nos guíe cada día de nuestra vida en esta tierra.

rados, pero también le dijo que el Faraón no los dejaría partir (ver Éx 7). Obviamente, Él no nos habla de todo lo que ocurrirá en el futuro, pero la Biblia dice que nos hablará de las cosas que habrán de venir.

Hay momentos en que puedo sentir en mi espíritu que algo bueno o, a veces, algún desafío, está por suceder. Por supuesto, cuando percibo que está por sobrevenir una prueba espero estar equivocada y que sólo sea fruto de mi imaginación. Pero si estoy en lo cierto, ese conocimiento anticipado obra como un amortiguador en mi vida. Si un automóvil con buenos amortiguadores cae en un pozo del camino, éstos absorberán el impacto del golpe, para que nadie se lastime. Lo mismo ocurre cuando Dios nos anticipa información.

Recuerdo muchas oportunidades en que Dios me informó de hechos que iban a suceder. En una ocasión, sentí muy claramente en mi corazón que uno de mis hijos estaba luchando con algo muy fuerte. Cuando le pregunté al respecto, mi hijo me dijo que todo estaba bien, pero yo sabía por el Espíritu que no lo estaba. Días después recibí noticias muy dolorosas y desalentadoras, pero creo que habría sido mucho más difícil si Dios no me hubiera alertado a tiempo.

En 1 Corintios 2:5 se nos enseña que no debemos poner nuestra confianza en la sabiduría de los hombres (filosofía humana), sino en el poder de Dios. El versículo 11 dice que nadie discierne los pensamientos de Dios sino el Espíritu de Dios; y, puesto que el Espíritu conoce los designios secretos de Dios, es fundamental que sepamos cómo oír lo que quiere decirnos. Él nos ayudará a conocer, a comprender y a apreciar los dones divinos y las bendiciones que Dios nos ha concedido. La sabiduría humana no nos enseña esta verdad, sino que viene del Espíritu Santo, quien nos da la mente de Cristo (ver vv. 12-13).

El Espíritu Santo conoce tanto la mente de Dios como el plan individual que Él tiene para ti. El mapa de rutas que tiene para ti no es necesariamente igual al de los demás. Por eso, de nada sirve tratar de imitar la vida de otro o lo que él o ella han escuchado de Dios, porque Él tiene un plan original y único para ti. El Espíritu Santo lo conoce y te lo revelará.

> Dios nos indicará qué camino seguir, pero nosotros tenemos que caminar.

Su Espíritu nos guiará, y Dios mismo será nuestro Pastor (ver Ez 34:1-16). Primera de Juan 2:27 explica que, como creyentes en Jesucristo, recibimos del Señor una unción que permanece en nosotros para enseñarnos todas las cosas, así que no necesitamos que nadie más lo haga.

Con esto no quiero decir que no debamos reunirnos y estudiar juntos la Palabra de Dios. En un capítulo posterior examinaremos con más detalle cómo podemos darnos cuenta de que Dios nos *está* hablando a través de otra persona, pero ahora es importante saber que nosotros mismos podemos conocer lo que Dios nos está diciendo personalmente, y que podemos ser guiados por su Espíritu Santo sin necesidad de recurrir continuamente a otros.

Fui creyente durante varios años antes de aprender que Dios quería hablar conmigo todos los días, directamente y en forma personal, para que yo pudiera caminar en la plenitud de su plan para mi vida. En aquellos tempranos días de fe, no sabía que podía oír la voz de Dios sin ser engañada. Pero ahora conozco la voz de mi Padre, y no seguiré la de un extraño (ver Jn 10:4-5).

La Biblia está llena de grandes promesas para nuestro andar personal con Dios. Dice: "Por Jehová son ordenados los pasos del hombre, y Él aprueba su camino. Cuando el hombre cayere, no quedará postrado, porque Jehová sostiene su mano" (Sal 37:23–24). Dios nos indicará cuál camino seguir, pero nosotros deberemos caminarlo. Nuestro andar con Dios se produce dando un paso de obediencia a la vez. Algunas personas quieren ver el plano completo de sus vidas antes de tomar una decisión; esa no es la forma en que Dios habitualmente obra, sino que nos guía a dar un paso por vez.

Por fe, damos el paso que Dios nos ha mostrado, y luego nos dirige al siguiente. En ocasiones podríamos caer, y deberíamos volver a levantarnos; podríamos tropezar, pero Él siempre nos ayudará. Por su gracia y su fuerza seguimos adelante, sabiendo que Dios nos guiará cada vez que nos encontremos ante una encrucijada del camino.

No pierdas la oportunidad

Recientemente, Dios me dijo que nuestra *falta de disposición* a oírlo en un área, puede *incapacitarnos* para oírlo en otras. A veces decidimos hacer oídos sordos a lo que sabemos que el Señor nos está diciendo claramente, y atendemos sólo lo que queremos oír. Esto se denomina "escucha selectiva". Después de un tiempo, la gente cree que ya no puede oír la voz de Dios, pero lo que realmente ocurre es que quedan pendientes muchas cosas que Él quiere que hagan, y ellos aún no hicieron. He aprendido que, cuanto más pronto cumplo lo que el Señor me pide que haga, más rápidamente me revela el próximo paso que debo dar.

En cierta ocasión, una mujer me compartió que le había pedido a Dios que le dijera qué quería que ella hiciera. Dios habló claramente a su corazón, diciéndole que quería que perdonara a su hermana por una ofensa ocurrida entre ambas meses atrás. Como no estaba dispuesta a hacerlo, abandonó su tiempo de devoción. Pero cuando buscaba al Señor por cualquier otra cosa, Él siempre respondía: "Primero perdona a tu hermana".

Durante un periodo de *dos años*, cada vez que pedía la guía de Dios acerca de un nuevo asunto, Él le recordaba muy dulcemente: "Quiero que perdones a tu hermana". Finalmente, tuvo que reconocer que nunca crecería espiritualmente a menos que volviera a la última cosa que Dios le había dicho, y la hiciera.

Entonces, se arrodilló y oró, diciendo: "Señor, dame el poder para perdonar a mi hermana". Al instante pudo ver, desde el punto de vista de su hermana, muchas cosas que no había considerado antes, y al poco tiempo su relación se sanó y se hizo más fuerte de lo que había sido anteriormente.

Si de verdad queremos oír a Dios, no podemos acercarnos a Él con una actitud de escucha selectiva, esperando limitar la conversación a los temas que nos interesan. La gente suele dedicar tiempo para escuchar a Dios cuando tiene cuestiones que a *ellos* les importa resolver. Si, por ejemplo, tienen un problema en el trabajo, o si necesitan sabiduría para alcanzar mayor prosperidad o para tratar con un niño, son todo oídos para escuchar lo que Dios tiene para decirles.

No acudas a Dios sólo para hablarle cuando quieras o necesites algo; también toma tiempo para estar con Él y escucharlo. Él te descubrirá cosas escondidas si quieres permanecer en su presencia, simplemente escuchándolo.

Para muchos, escuchar es una capacidad que debe ser desarrollada mediante la práctica. Siempre he sido conversadora; nunca tuve que esforzarme para hacerlo. Pero sí debí esmerarme para aprender a escuchar. El Señor dice: "Estad quietos, y conoced que yo soy Dios" (Sal 46:10). Nuestra carne está llena de energía y, por lo general, quiere estar activa, haciendo algo, así que para algunos de nosotros puede resultar difícil quedarnos quietos.

Como dije antes, hablar siempre fue fácil para mí. Un día le dije a mi marido que necesitábamos hablar más, porque me parecía que él nunca quería sentarse a conversar conmigo. Me respondió: "Joyce, nosotros no conversamos; tú hablas y yo escucho". Tenía razón, y yo debía cambiar si anhelaba que él deseara mi compañía. También descubrí que estaba haciendo lo mismo con Dios; hablaba y esperaba que Él escuchara. Me quejaba porque nunca oía su voz, pero la verdad es que yo nunca prestaba atención a lo que Él tenía para decirme.

Cuando le pides algo a Dios, dedica un tiempo a escuchar. Aunque no te responda de inmediato, Él lo hará a su debido tiempo. Tal vez estés realizando una tarea rutinaria cuando Dios decide hablarte, pero si lo has honrado escuchándolo como parte de tu comunión diaria, Él te hablará en el momento justo.

En los próximos capítulos me gustaría compartir varias maneras que Dios elige para hablarnos y guiarnos. Contaré algunas verdades importantes que aprendí para mantener mi "receptor" libre de todo engaño. Primero, y sobre todo, Dios nos habla por medio de su Palabra escrita, y toda otra forma de comunicación que Él use siempre estará de acuerdo con la Biblia. Además, voy a detallar distintas maneras en las que podemos crear una atmósfera para escucharlo, y así aumentar la expectativa de oír su voz.

Una vez que comenzamos a oírlo y a escucharlo, es importante obedecer lo que Él nos diga, sea lo que fuere. La obediencia estrecha nuestra relación con Él. Podríamos decir que la práctica la perfecciona. En otras palabras, nuestra confianza aumentará a medida que ganemos experiencia. Se requiere mucha práctica para llegar a la completa sumisión al señorío de Dios. Aun sabiendo que sus caminos son perfectos y que, si nos sometemos a su plan, todo saldrá siempre bien, podemos simular ignorancia cuando nos pide algo que nos suena como un sacrificio. Pero no hay error en los caminos de Dios.

Al enfrentarnos con la verdad divina, debemos dejar que nos haga libres para disfrutar todo lo bueno que Él tiene para darnos. Te aseguro que si riñes con Dios cada vez que te pide que hagas algo, serás muy desdichado.

Jesús dijo: "Sígueme". No dijo: "Ve adelante, que yo te sigo". He aprendido que es mejor hacer lo que Dios nos dice, rápidamente y de la manera que Él quiere, porque si deseamos disfrutar de sus planes perfectos para nuestra vida, a la larga vamos a tener que seguirlo.

> Jesús dijo: "Sígueme". Él no dijo: "Adelántate que yo te sigo".

Hace poco le dije a uno de mis hijos: "Nunca voy a decirte algo que no crea que es para tu beneficio". Mientras pensaba en ello, me di cuenta que Dios actúa de la misma forma con nosotros. Nunca nos dirá a ti o a mí algo que no sea para nuestro beneficio. A medida que escudriñaba las Escrituras, encontré varias referencias que, de distintas maneras, decían: "Haz todo lo que te mando, para tu bien".

Tal vez tú eres como yo fui, y desperdiciaste muchos años andando en tus propios caminos sin buscar la guía de Dios. La buena noticia es que no es demasiado tarde para volverte y comenzar a caminar en una nueva dirección: rumbo al plan y al propósito de Dios para tu vida. Tampoco es demasiado tarde para aprender a oír a Dios. Estás interesado en hacerlo, pues si no, no estuvieses leyendo este libro. Si estás sinceramente dispuesto a obedecer a Dios, Él te guiará en un viaje apasionante en el que aprenderás a oírlo cada día de tu vida.

Como dije anteriormente, Dios tiene un plan para nuestras vidas; y debemos seguirlo a Él para que ese plan se ponga de manifiesto. Un ejercicio excelente para adiestrar nuestros oídos es preguntarle a Dios si quiere que des una palabra de ánimo o de bendición a alguien que la necesita; luego permanece quieto y escucha. Te sorprenderá la rapidez con que responde, y llenará tu corazón con pensamientos y metas piadosos. Traerá a tu mente nombres de personas que serán bendecidas por la atención que les dediques, y tal vez te diga que hagas cosas especificas para animarles. Él tiene para darte ideas que ni siquiera se han cruzado por tu mente. Escúchalo cuidadosamente; luego sigue las directivas dadas en Juan 2:5: "*Haced todo lo que os dijere*".

Preguntas para reflexionar

1. ¿Experimentaste alguna vez una situación en la que "sólo te quedaba Dios"? Si es así, descríbela. ¿Cuáles eran tus emociones? ¿A qué verdades te aferraste? ¿Cómo y qué te habló Dios durante ese tiempo? ¿Valió la pena perder todo para poder experimentar a Dios de ese modo?

2. ¿De qué maneras te alentó Dios a decir sí a sus caminos?

3. ¿Crees que Dios tiene un buen plan para prosperarte, para darte esperanza y un futuro? Si es así, ¿cómo se refleja esto en tu vida? Si no, ora pidiéndole a Dios que te ayude a aceptar y a creer su Palabra.

4. ¿Por qué razón crees que Dios nos dice sólo algunas de las cosas que van a ocurrir, pero no todas? ¿De qué forma nos ayuda esto a fortalecer la esperanza, la paciencia y la confianza?

5. Describe una situación en la que te diste cuenta de que estabas poniendo tu fe en la sabiduría de los hombres. ¿En qué aspectos difería ella de la verdad de Dios?

6. ¿Has intentado vivir de acuerdo con el modelo de otra persona o lo que Dios le ha dicho a otro? ¿Es una experiencia del pasado o una situación presente?

7. ¿Cuáles son los peligros de recurrir principalmente a otros para que nos digan lo que Dios nos

quiere decir? ¿Cómo haces para asegurarte que disciernes la voz de Dios?

8. ¿Hay algo que Dios te dijo que hicieras y que todavía no has obedecido? ¿Por qué razón estas vacilando? ¿Existe en las Escrituras alguna promesa que te resulta difícil de creer?

9. ¿A quién desea Dios que des una palabra de ánimo? ¿Lo hiciste?

2

Cómo crear una atmósfera
donde oír a Dios

=

Si queremos que el Espíritu de Dios nos conduzca hacia la victoria, tenemos que estar dispuestos a cambiar nuestro modo de vida cuando Dios nos habla. El primer cambio que debemos lograr, es la necesidad de crear una atmósfera propicia para que Dios nos hable. Por atmósfera quiero significar el clima, el ambiente o el estado de ánimo predominante que nos rodea. Esta atmósfera se genera a partir de las actitudes, y existen algunas que favorecen nuestra relación con Dios mientras que otras la estorban.

Por ejemplo, si vivimos en constante estado de conflicto, que es un problema espiritual, esto puede percibirse en la atmósfera. Si entramos a una habitación donde hay varias personas enojadas y molestas, podemos palpar ese clima de disensión aunque nadie esté diciendo nada en ese momento. Deberíamos ocuparnos de crear y mantener una atmósfera apacible: "Si es posible, en cuanto dependa de vosotros, estad en paz con todos los hombres" (Ro 12:18).

Podemos pensar superficialmente que queremos oír a Dios, pero buscarlo de *todo* corazón es una tarea de tiempo completo. Para disfrutar la plenitud de la presencia de Dios debemos ser constantes en mantener una atmósfera propicia para buscarlo, honrarlo y serle fieles y obedientes. Si queremos oír a Dios, debemos rendir nuestras actitudes al señorío de Jesucristo para aprender a ser guiados por el Espíritu en *todos* nuestros caminos.

Mantén el oído atento

¡Escuchar es una clave importante para oír! ¿Te has encontrado alguna vez con alguien que hace preguntas, pero que no escucha las respuestas? Es difícil hablar con personas que no escuchan, y estoy segura de que Dios ni siquiera se molesta en hablar a los oídos sordos. Si no vamos a oírlo, Dios buscará a alguien que escuche el sonido de su voz.

Hebreos 5:11 nos advierte que si no tenemos una actitud *dispuesta a escuchar*, perderemos la oportunidad de aprender valiosos principios de vida: "Acerca de esto tenemos mucho que decir, y *es* difícil de explicar, puesto que os habéis hecho tardos para oír" (LBLA).

Una actitud dispuesta evitará que nos hagamos tardos para oír. No deberíamos tener el hábito de escuchar las indicaciones de Dios sólo cuando estamos desesperadamente necesitados de ayuda. Por cierto que nos sentimos dispuestos a escucharlo cuando estamos en problemas. Pero Dios quiere hablarnos de manera constante, por eso necesitamos tener siempre el oído atento.

Cuando hoy me senté frente a mi computadora, lista para empezar a trabajar en el proyecto de este libro, sentí que el Señor me decía: "Toma unos minutos y simplemente espera en mí". Esperé un poquito, y luego comencé a hacer una llamada telefónica. Él me dijo muy suavemente: "No te dije que hicieras llamadas; sólo que esperaras en mí". Nuestra carne está tan llena de energía que nos resulta difícil permanecer quietos y callados. Y, en un área tan importante como ésta, debemos desarrollar esos nuevos hábitos.

Así que esperé en silencio por un rato, y el Señor comenzó a hablarme acerca de los ángeles –algo que, por cierto, no me esperaba. Me guió a buscar varios pasajes de las Escrituras, y terminé recibiendo una mini lección bíblica acerca del poder y la presencia de los ángeles. Dios tiene un motivo para todo lo que hace, y creo que quería que estuviera más consciente de que sus ángeles estaban actuando a mi favor –algo en lo que francamente no había pensado durante mucho, mucho tiempo.

Tal vez preguntes: "Joyce, ¿cómo puedes estar segura de que Dios te estaba hablando, y que no era tu mente la que inventaba todo eso?" La respuesta es que tenía paz acerca de lo que estaba recibiendo, y en mi interior sentía que era fidedigno. Mi espíritu lo confirmaba como algo que realmente procedía de Dios. Hay cosas que conocemos acerca de Él por el espíritu, no necesariamente por la mente. Por supuesto, enviamos la información a la mente, pero la revelación viene a nuestro espíritu por medio del Espíritu Santo.

> Nuestra carne está tan llena de energía que nos resulta difícil permanecer quietos y callados.

Hubo otras ocasiones en las que esperé en Dios y escuché una voz similar, pero intuitivamente supe que no era la suya. Debemos conocer su carácter para diferenciar lo que viene de Él y lo que no. Como vamos a ver, Él es manso, no áspero, duro, cortante, ni importuno (ver Mt 11:28-30). Por ejemplo, cuando tomé el teléfono para hacer la llamada, Dios no se enojó conmigo ni me gritó. Su voz fue dulce y amable. Él entiende nuestra naturaleza y sabía que yo no estaba desobedeciendo a propósito, sino que mi carne sólo quería estar ocupada "haciendo algo".

El carácter de Dios tiene muchas facetas, y cada una es más asombrosa que la otra. Él es fiel, verdadero, amoroso, amable, magnánimo, justo y honesto, entre otros maravillosos atributos. Si creyera escuchar que Dios me dice que deje de hacer algo sólo porque es difícil para mí, me cuestionaría si ese mensaje vino de Él, porque conozco su carácter fiel. Su Palabra dice que, aunque seamos infieles Él permanece fiel (ver 2 Tim 2:13); por consiguiente, es improbable que me diga que abandone todo rápidamente.

Si fuera de compras y volviera a casa con algo extra que no pagué, y pensara que Dios me dice que es su manera de bendecirme, sabría que no es su voz, porque Él siempre es honesto. Jamás se adueñaría de algo que no pagó, y nosotros tampoco deberíamos hacerlo. Recientemente compré dos pares de zapatos y una cartera que hacía juego con uno de ellos. Al llegar a casa, me di cuenta que el vendedor me había dado dos pares de zapatos y dos carteras haciendo juego, pero que sólo me había cobrado una. Me costó tener que devolver la cartera —francamente, me consumió tiempo y combustible—, pero sabía que la honestidad era el modo de actuar de Dios.

El vendedor estaba tan impresionado que, mientras yo salía, vi que les decía a los demás que no podía creer que hubiera devuelto la cartera. La gente necesita ver a Dios en acción y Él quiere obrar por medio de sus hijos. No dejes que Satanás te engañe respecto a escuchar a Dios. Conoce a Dios, conoce su carácter, y estarás capacitado para discernir las voces que vienen a tu mente, si provienen de Él, de ti, o del enemigo.

Jesús dijo que la gente tiene oídos para oír, pero no oye; y ojos para ver, pero no ve (ver Mt 13:9-16). Él no se refería a nuestros oídos físicos; hablaba de los oídos espirituales que recibimos cuando nacemos en el Reino de Dios, que están sintonizados para captar la voz de Dios. Para poder escucharla, necesitamos tener una actitud de quietud y de expectativa.

Un ejemplo de disposición a escuchar se presenta naturalmente cuando Dave y yo hacemos planes tentativos para el fin de semana. Si lo que queremos hacer requiere buen clima, empezamos a escuchar el pronóstico del tiempo; pero cuando no tenemos deseos de salir a ningún lado, no nos interesa cuál será el estado del tiempo. Cuando necesitamos información, mantenemos nuestro oído alerta para oír las respuestas que estamos buscando. No sabemos con exactitud a qué hora darán el informe meteorológico, así que encendemos la radio esperando escucharlo.

Podemos estar ocupados en las tareas de la casa, pero las interrumpimos tan pronto como oímos que dicen algo sobre el estado del tiempo, porque nos propusimos mantener el oído alerta. Es necesario que escuchemos a Dios con esta misma actitud de expectación, como si supiéramos que está a punto de darnos información importante que afectará los proyectos que organizamos.

> Mantener un oído alerta requiere práctica.

Cuando las personas pasan al altar para recibir oración, aprendí a escucharlas no sólo con mis oídos físicos, sino también con los espirituales. Escucho para saber si Dios me está diciendo algo especifico para orar por él o ella. En muchas ocasiones, la gente no cuenta toda la historia, y quizás ni siquiera la conoce.

Pero Dios sí conoce toda la historia, y por eso quiere que nos entrenemos para lograr una actitud dispuesta a escucharlo. Esto requiere práctica, porque no es algo que nazca naturalmente. Hay que crear una atmósfera de expectativa que diga: "Dios, estoy escuchando. Si no te agrada lo que estoy haciendo, por favor dímelo. Estoy escuchándote".

Durante nuestras conferencias, es notorio que los directores de alabanza y los músicos están escuchando al Señor, porque con frecuencia escogen canciones que complementan perfectamente el mensaje que Dios me indica compartir. Muchas veces es imposible coordinar anticipadamente la selección de canciones, así que estoy agradecida por trabajar con gente que oye a Dios y que es guiada por su Espíritu Santo. Cuando Dios confirma su mensaje por varias personas al mismo tiempo, aumenta nuestra fe para saber que realmente reconocemos y discernimos su voz.

Mantén una actitud que honre a Dios

Otra actitud que atrae la presencia de Dios a nuestra atmósfera es la de honrarlo por encima de todo lo demás. Es necesario que tengamos esta actitud que dice: "Dios, no importa lo que me digan los demás, no importa lo que piense de mí misma, no importa cuáles sean mis propios planes; si realmente te oigo decirme algo y sé que eres Tú, voy a honrarte a Ti y lo que me digas por encima de todo lo demás".

A veces prestamos más atención a lo que la gente nos dice que a lo que Dios nos dijo. Si oramos con diligencia y escuchamos a Dios, pero luego empezamos a preguntar qué opinan los demás, estamos honrando la opinión de la gente más que su Palabra. Esta actitud nos impedirá desarrollar con Él una relación tal que estemos escuchando su voz de manera constante.

La Palabra garantiza que podemos confiar en que Dios nos instruirá sin necesidad de la confirmación constante de los demás: "Y en cuanto a vosotros, la unción que recibisteis de Él permanece en vosotros, y no tenéis necesidad de que nadie os enseñe; pero así como su unción os enseña acerca de todas las cosas, y es verdadera y no mentira, y así como os ha enseñado, permanecéis en Él" (1 Jn 2:27, LBLA).

Este pasaje no está diciendo que no necesitamos que nadie nos enseñe la Palabra; de otro modo, Dios no nombraría maestros en el Cuerpo de Cristo. Lo que sí dice es que, si estamos en Cristo tenemos una unción que permanece en nosotros para guiar y dirigir nuestra vida. Ocasionalmente, podemos pedirle a alguien su consejo, pero no necesitamos recurrir constantemente a otros para preguntarles con respecto a decisiones que debemos tomar en nuestras vidas.

Cuando miembros del equipo me preguntan: "¿Qué piensas que debo hacer?", les digo: "Tienes que escuchar a Dios".

> ## Dios es el único que puede ministrarnos vida.

Si vamos a desarrollar la capacidad de escuchar la voz de Dios y de ser guiados por su Espíritu, tenemos que empezar a tomar nuestras propias decisiones, confiando en la sabiduría que Dios depositó en nuestro corazón.

El diablo quiere hacernos creer que no somos capaces de escuchar a Dios, pero la Palabra dice que eso no es verdad. El Espíritu Santo habita dentro de nosotros porque Dios quiere que seamos individualmente guiados por su Espíritu. No estamos viviendo bajo el antiguo pacto en el cual debíamos recurrir todo el tiempo al sacerdote para saber lo que deberíamos hacer.

En Jeremías 17:5-7 el profeta nos dice:

> "Así dice el Señor: Maldito el hombre que en el hombre confía, y hace de la carne su fortaleza, y del Señor se aparta su corazón. Será como arbusto en el yermo y no verá el bien cuando venga; habitará en pedregales en el desierto, tierra salada y sin habitantes. Bendito es el hombre que confía en el Señor, cuya confianza es el Señor" (LBLA).

El Señor está diciendo muy claramente que no debemos fundar nuestra fortaleza de la carne humana. Severas consecuencias esperan a quienes confían en la fragilidad humana; pero son benditos aquellos que honran y confían en la unción de Dios que habita en ellos. Si escuchamos a Dios, sucederán cosas buenas. Él quiere ser nuestro brazo derecho y nuestra fuerza: Dios es el único que puede ministrarnos vida.

Jesús oyó claramente a su Padre decirle que era necesario que fuera a la cruz. En Marcos 8:31, Jesús les dijo a sus discípulos que era necesario que padeciera muchas cosas, que fuera probado y aprobado, que fuera desechado por los ancianos, los sumos sacerdotes y los escribas, y ser muerto; pero que después de tres días, Él resucitaría. El versículo 32 dice que Pedro "le tomó aparte y comenzó a reconvenirle".

Pero Jesús no tomó en cuenta la perspectiva de hombres débiles como Pedro, y "volviéndose y mirando a los discípulos, reprendió a Pedro, diciendo: ¡Quítate de delante de mí, Satanás! porque no pones la mira en las cosas de Dios, sino en las de los hombres" (v. 33).

Jesús honraba todo lo que su Padre decía, sin importar el costo personal que le demandara. A veces, sólo escuchamos a Dios si lo que nos dice no va a costarnos nada, o si nos dice lo que nosotros queremos oír. La mayoría de las veces, si recibimos una palabra que nos incomoda, actuamos como Pedro y decimos: "¡Oh, no, este no puede ser Dios!" Pero si queremos tener oídos que oigan su voz, debemos honrar sus palabras por encima de todo lo demás.

Mantén una actitud de fe

Cuando fui llamada al ministerio, quería contárselo a todo el mundo, y cuando lo hice enfrenté mucha incredulidad. No obstante, cuando Dios nos da una palabra, en nuestro corazón no existe duda respecto de lo que debemos hacer. Debemos mantener la fe en lo que Él nos dice, aun cuando nadie más lo crea.

Pablo había estado persiguiendo a los cristianos y no era la persona más indicada para ser llamada a predicar. Si yo hubiera sido uno de los compañeros de Pablo, me habría costado mucho trabajo aceptar que había sido llamado. Él sabía cuál sería la reacción a su ministerio, así que escribió:

"Pero cuando agradó a Dios, que me apartó desde el vientre de mi madre, y me llamó por su gracia, revelar a su Hijo en mí, para que yo le predicase entre los gentiles, no consulté enseguida con carne y sangre, ni subí a Jerusalén a los que eran apóstoles antes que yo; sino que fui a Arabia, y volví de nuevo a Damasco" (Gl 1:15-17).

Pablo dijo que no reveló a nadie la noticia de su llamado; tampoco lo consultó con la "gente importante" que supuestamente siempre escuchaba la voz divina. Sabía lo que Dios había hecho con él en el camino a Damasco. Sabía que había sido transformado para siempre (ver Hch 9:3-8). Sabía que el Hijo de Dios había sido revelado y descubierto en su interior. Sabía que no podía volver a la vida que había vivido. Sabía que, por el resto de sus días, tendría que predicar el evangelio y permanecer fiel a lo que Jesús le había dicho.

Pero también tenía sabiduría para comprender que a la gente su llamado le parecería inconcebible. Entonces esperó en Dios; no corrió a consultarlo con los otros discípulos, diciendo: "Oigan, muchachos, vi una luz en el camino y me caí del caballo y pasó esto y aquello. ¿Qué piensan ustedes?" En lugar de eso, se fue a Arabia. Luego, volvió a Damasco. Tres años más tarde, "subí a Jerusalén para ver a Pedro, y permanecí con él quince días" (Gl 1:18).

Pablo guardó la Palabra de Dios en su corazón, dejando que creciera y se manifestara por sí misma. Entonces comenzó a hacer lo que había sido llamado a hacer. Pronto los demás empezaron a reconocer que él evidentemente tenía un llamado de Dios. Pablo termina diciendo: "Y glorificaban a Dios en mí" (Gl 1:24).

A menudo, cuando Dios le habla, la gente quiere una confirmación, citando la regla bíblica según la cual deberíamos esperar que cada palabra sea confirmada por dos o tres testigos (ver 2 Co 13:1). Pero esa Escritura nada tiene que ver con oír la voz de Dios; en realidad, estaba destinada a propósitos de corrección cuando había algún caso de acusación contra un cristiano. Si un cristiano era acusado de cometer algo indebido, no se daría crédito a la acusación a menos que fuera ratificada por otros dos o tres creyentes.

Pero esto de buscar dos o tres testigos nunca se aplicó a la búsqueda de consejo respecto a la guía de Dios en la vida de un cristiano individual. Cuando oímos a Dios, no tenemos por qué esperar que tres personas vengan a decirnos lo mismo; simplemente debemos tener una actitud de fe, como Pablo, y esperar que Dios nos muestre el próximo paso.

En ocasiones, algunos quieren que Dios confirme su llamado con una señal, como hizo Gedeón cuando puso el vellón de lana sobre la era (Jue 6:36-40). Dios honró su petición, aunque no le parecía que fuera lo mejor. Cuando Tomás estaba lleno de dudas, diciendo que tenía que ver para luego creer, Jesús le dijo: "Dichosos los que no han visto y sin embargo creen" (Jn 20:29, NVI).

Dios hace algunas cosas especiales por nosotros cuando somos cristianos inmaduros; pero a medida que maduramos en el conocimiento de su señorío, le complace que aprendamos a obrar por fe.

Hay quienes abren la Biblia al azar, con la esperanza de que se abra en un pasaje relativo a la situación que están atravesando. Obran así porque temen hacer por fe lo que Dios les ha dicho que hagan. En el pasado, pudo haber ocasiones en las que Dios respondió al pedido de una señal, pero esa "fuente" de confirmación se secará rápidamente cuando llega el tiempo de moverse solamente por fe.

> "Dichosos los que no han visto y sin embargo creen."

Yo tuve que aprender a ser guiada por mi hombre interior. Como dijo el apóstol Pablo: "Mi conciencia me da testimonio en el Espíritu Santo" (ver Ro 9:1). Esta es la única confirmación que debemos tener cuando Dios nos llama a hacer algo.

A mí me gusta el modo en que lo hace mi pastor, Rick Shelton. Él cuenta que cuando cree haber escuchado que Dios le habla, dice: "No voy a actuar hasta saber con certeza que *encaja en mi interior*". Todo lo que es correcto y propio para nuestras vidas tiene un lugar en nuestro ser interior, y allí se acomodará perfectamente.

Quizás Dios nos llame a hacer cosas que no siempre nos gusten en la carne, pero en lo profundo de nuestro ser nos darán placer si realmente el llamado ha venido de Él. Por ejemplo, no estoy ansiosa por pasar cada fin de semana en habitaciones de hotel, porque para mí son todas iguales, pero sé lo que fui llamada a hacer. Me entusiasma mucho poder predicar, así que no pienso en los aspectos menos placenteros de mi ministerio.

Existe dentro de mí una motivación profunda, que resuelve cualquier inconveniente asociado con mi llamado, y sé que debo hospedarme en hoteles para hacer lo que amo hacer.

Dios puede llamarte a hacer cosas que no estás acostumbrado a hacer, y tal vez, en lo natural, tengas miedo, pero te darás cuenta de que eso que estás haciendo armoniza con todo lo demás que Él ha desarrollado en ti. Mantener una actitud de fe te ayudará, con toda seguridad, a avanzar hacia el cumplimiento de tu llamado.

Mantén una actitud paciente

Yo necesito oír a Dios todos los días, y quiero escuchar su voz en todas las áreas de mi vida. Para esto, debemos estar dispuestos a esperar con la sabiduría que nace de la pasión por anhelar, más que cualquier otra cosa, la voluntad de Dios. Oiremos su voz mucho más claramente si estamos decididos a no dejarnos llevar por el ardor de nuestras emociones o deseos humanos. Seremos bendecidos si esperamos a estar seguros de que Dios nos ha hablado antes de dar cualquier paso. Entonces deberíamos hacer lo que Él nos dice que hagamos, aunque nos duela, y aunque nos cueste algo.

Hace varios años empecé a coleccionar videos de películas clásicas, porque no había nada decente para ver en la televisión. Hoy en día tengo una bonita colección de videos que yo misma fui comprando o que la gente me regalaba. De hecho, a veces mis hijos bromean, diciendo que mi colección se llama "JoyceBuster" (en lugar de Blockbuster).

En cierta ocasión, llegó una revista con un listado de muchas películas buenas y sanas. Todo lo que figuraba en la lista era entretenimiento con base cristiana y moralmente íntegro; era como si Dios mismo hubiera puesto la oportunidad a mi alcance. Me entusiasmé y seleccioné unos quince videos que quería comprar, pero luego decidí dejar aparte la lista durante varios días. Finalmente, después de vencer mis emociones, con paciencia, y usando sabiduría divina, volví a leerla, y solamente encargué dos nuevas películas.

Si hubiera decidido en un momento de excitación, habría solicitado demasiados videos, y de seguro no habría sido Dios quien me guiaba a hacerlo. Necesitamos recibir sana sabiduría antes de actuar por impulsos que creemos que provienen de Dios.

Aprende a esperar. Las emociones que nos elevan y nos aceleran, pronto se desvanecerán, y la energía emocional no nos conducirá al lugar adonde realmente debemos llegar. Necesitamos el poder de Dios, que es la determinación del Espíritu Santo, para llevar a cabo lo que Dios dijo.

Dios tiene una voluntad y un plan para todo el mundo; cada uno precisa conocer qué es lo que Él requiere de nosotros, y luego, esperar su tiempo para cumplirlo. Todos necesitamos seguir la Sabiduría:

> "Bienaventurado el hombre que me escucha, velando a mis puertas cada día, aguardando a los postes de mis puertas. Porque el que me halle, hallará la vida, y alcanzará el favor de Jehová. Mas

el que peca contra mí, defrauda su alma; todos los
que me aborrecen aman la muerte" (Pr 8:34-36).

En nuestro apuro por conseguir lo que queremos,
corremos el riesgo de pasar por alto a Dios. Si no esperamos,
especialmente en áreas importantes, nos acarrearemos problemas. La paciencia se va perfeccionando en mi vida a cada
instante.

Por naturaleza enfrento las cosas con determinación. Antes,
si quería resolver alguna cuestión, le hacía frente y forzaba
una solución. Tardé años en aprender que a veces no es bueno
actuar tan directamente. Comprendí que podía empeorar las
cosas o interponerme en el camino de Dios, y terminar vol-
viendo al punto de partida. Todo por no esperar el tiempo de
Dios. Estaba impaciente y no le di oportunidad a Dios para
que resolviera esas situaciones por mí.

Aprendí que, cuando siento que aumenta mi ansiedad por
manejar un asunto, debo dejar que se aplaque al menos
durante veinticuatro horas antes de actuar. Es asombroso
cómo cambia nuestra mente cuando dejamos pasar un
tiempo para que las cosas se apacigüen. Si aprendemos a
esperar en Dios, nos ahorraremos muchos problemas.

Mantén una actitud obediente

David, el salmista, dijo de Dios: "Sacrificio y ofrenda de
cereal no has deseado; has abierto mis oídos; holocausto y
ofrenda por el pecado no has requerido" (Sal 40:6, LBLA).

Dios se deleita en la atmósfera de nuestra obediencia. Por
supuesto, no tiene sentido que nos hable si no vamos a escuchar y a obedecer.

Durante muchos años quise que Dios me hablara, pero yo
quería escoger en qué cosas obedecerle. Sólo quería hacer lo
que me parecía una buena idea; si no me gustaba lo que oía,
actuaba como si no proviniera de Dios. Él nos ha dado tanto

la capacidad de oírlo como de obedecerlo. Dios no nos pide más sacrificio que nuestra obediencia. Algunas de las cosas que Dios te diga serán emocionantes; otras no lo serán tanto. Pero eso no significa que lo que te dice no resultará para tu bien si te sujetas y lo haces a su manera.

Si Dios te dice que fuiste grosero con alguien, y que quiere que le pidas disculpas, de nada servirá que repliques: "Bueno, ¡esa persona también me trató mal!" Aunque hayas orado, y aunque hayas escuchado, si respondes con excusas todavía no has obedecido. En lugar de eso, si Dios te dice que vayas y te disculpes, ve y hazlo. Decídete a caminar por la senda de la obediencia y dile a esa persona: "Fui descortés contigo, lo siento". *Ahora sí* has obedecido. Ahora la unción de Dios puede fluir a través de tu vida, porque fuiste obediente.

Me conmovió el relato de una historia sobre el mensaje de un pastor de una iglesia muy numerosa, que predicó en una conferencia de pastores en Tulsa, Oklahoma. Cientos de pastores de todo el país asistieron para escuchar a este hombre hablar de lo que hacía para que su iglesia creciera. Su mensaje fue simplemente éste: "Oro, y obedezco, oro y obedezco".

> Es asombroso cómo cambia nuestra mente cuando dejamos que pase un tiempo para que las cosas se apacigüen.

Uno de los ministros que habían asistido me confeso su desilusión respecto del mensaje de este pastor, y me dijo: "Gasté todo ese dinero y viajé desde tan lejos para escuchar a este líder mundialmente reconocido decir cómo su ministerio había crecido a tal punto. Durante tres horas, y de varias maneras, dijo lo mismo: 'Oro. Obedezco. Oro. Obedezco. Oro. Obedezco.' Pero yo sigo pensando: Seguramente hay algo más".

Al rememorar las tres décadas de mi caminar con Dios, estaría de acuerdo en que la explicación más sencilla para todos los éxitos que hemos alcanzado, si tuviera que expresarlo con palabras, es que nosotros también hemos aprendido a orar, a escuchar su voz, y luego, a hacer lo que Dios nos dice. A lo largo de los años he buscado a Dios respecto al llamado para mi vida, y he avanzado hacia lo que siento que Él me dijo que haga. La esencia de todo esto es que oré y obedecí. No siempre fue algo muy popular, pero yo oré, obedecí, y resultó. El plan de Dios no es difícil; *nosotros* lo hacemos complicado. Si anhelas la voluntad de Dios para tu vida, puedo darte la receta más simple: *Ora y obedece*, porque Dios te dio la capacidad para hacer ambas cosas.

Ora.
 Y obedece.
  Ora.
   Y obedece.
    Ora.
     Y obedece.
      Ora.
       Y obedece.

Si lo haces, cuando quieras acordar estarás dando los pasos correctos dentro del perfecto plan de Dios para tu vida.

Preguntas para reflexionar

1. ¿Qué atmósfera (clima, ambiente o estado de ánimo predominante) te rodea? ¿Qué actitudes personales crearon esa atmósfera?

2. Describe alguna situación en que oíste la voz de Dios. ¿Cómo supiste que era su voz? ¿Qué lo confirmó?

3. Describe alguna situación en que escuchaste una voz que no era la de Dios... ¿Cómo supiste que no era su voz? ¿Qué lo confirmó?

4. ¿Cómo distingues con seguridad entre la voz de Dios y otras voces?

5. ¿Estás vacilando en permanecer firme en lo que Dios te ha dicho? ¿Por qué perdiste la esperanza? ¿Estás escuchando a otros más de lo debido? ¿Qué debes hacer con lo que Dios te habló? ¿Te dijo algo específico o debes continuar buscándolo en oración y esperando en Él?

6. ¿Hay en tu vida algo que Dios te dijo que perdonaras o que pidieras perdón? Si es así, ¿actuaste en consecuencia? Si no fuiste obediente, ¿qué te está deteniendo para no hacer lo que Dios te habló?

7. Nota los aspectos importantes para crear una atmósfera para oír a Dios —escuchar, honrar, tener fe, ser paciente y ser obediente. ¿En cuáles de estas áreas estás más fuerte? ¿Cuáles te resultan más problemáticas?

8. ¿En qué aspectos de tu vida estás siendo habitualmente obediente? ¿Existe alguno en el que estés desobedeciendo? Si es así, ¿en cuál y de qué manera?

9. ¿Qué te está guiando a hacer Dios en respuesta al mensaje de este capítulo?

3

Dios habla por medio de la revelación sobrenatural

=

Aveces, Dios trasciende las leyes de la naturaleza y nos habla por medio de la revelación sobrenatural. No hay nada más sobrenatural que la Palabra de Dios, dada a nosotros por la divina inspiración del Espíritu Santo que habla a través de sus profetas y discípulos. La Biblia tiene una respuesta para cada pregunta que podamos formularnos, y está llena de principios de vida, de historias reales de la misericordia de Dios respecto al comportamiento humano, y de ricas parábolas colmadas de verdades importantes para cada individuo de esta tierra.

Todo el que quiera oír la voz de Dios debe ser un estudiante de la Palabra. Ninguno de todos los otros medios por los que Dios nos pueda hablar, estará jamás en contradicción con la Palabra escrita, a la que originalmente se hacía referencia con la palabra griega *logos*, mientras que su Palabra hablada se denomina *rema*. Dios trae a nuestra memoria su *logos* específica para cada situación; su *rema* puede no figurar literalmente, palabra por palabra, en la Biblia, pero el principio que contiene siempre estará sustentado en la Palabra escrita. La Biblia confirma si lo que estamos percibiendo es o no de Dios.

Por ejemplo, la Palabra escrita de Dios, la Palabra *logos,* no nos dice cuándo comprar un automóvil nuevo o qué clase de coche elegir; quizás necesitemos una palabra de Dios hablada o revelada (*rema*) respecto a ese asunto. Aunque la Palabra escrita no da instrucciones específicas para la compra de un automóvil, sí dice mucho acerca de la sabiduría. Si necesito un coche, y creo oír que Dios me dice que compre cierto modelo, pero ése cuesta más de lo que podría pagar, y significaría endeudarme por años, poniendo a mi familia en una situación complicada, yo debería tener suficiente sentido común (sabiduría) para saber que la voz que estoy oyendo no es la de Dios.

Existen muchas voces que hablan a nuestros pensamientos, y nuestra propia voz es una de ellas. Descubrí que, cuando deseo ardientemente algo, me resulta fácil pensar que Dios me está diciendo que lo haga. Por esta razón siempre debemos verificar si tenemos paz al respecto, y si lo que estamos haciendo es sabio.

La Biblia fue escrita como una carta personal para cada uno de nosotros. Dios nos habla, ministra nuestras necesidades, nos dirige por el camino que debemos seguir y nos dice cómo deberíamos vivir. A veces nos parecerá que un pasaje de las Escrituras se ilumina o se hace particularmente vivo: es entonces cuando una porción de la palabra *logos* se convierte en *rema* específica para nosotros. La Palabra se hace viva como si Dios acabara de decírnosla al oído.

En ocasiones, Dios puede decirnos cosas que no se encuentran en un capítulo o versículo específico de la Biblia, pero ese mensaje siempre estará de acuerdo con su Palabra. Por ejemplo, la Biblia no nos dice dónde tenemos que trabajar, pero Dios nos hablará si lo buscamos.

Nos equivocamos si creemos que podemos oír claramente a Dios sin dedicar tiempo a su Palabra, porque escuchar su voz cuando no estamos practicando el hábito de la lectura bíblica, nos expone a oír voces que no son de Dios. El conocimiento de la Palabra escrita nos protege de engaños.

Intentar oír a Dios sin leer las Escrituras es irresponsable y hasta peligroso. Los que quieren ser guiados por el Espíritu pero que, a la vez, son demasiado haraganes para dedicar un tiempo a la lectura de la Palabra o a la oración, se exponen a ser engañados fácilmente: hay muchos espíritus malignos listos para susurrar mentiras a un oído predispuesto.

Hay quienes personas sólo acuden a Dios cuando están en problemas y necesitan ayuda. Pero, si no están acostumbrados a escuchar a Dios, les resultará difícil reconocer su voz cuando realmente lo necesiten; el propio Jesús debió resistir las mentiras de Satanás respondiendo: "Escrito está" (ver Lc 4).

> **Conocer la Palabra escrita nos protege del engaño.**

Cualquier idea, insinuación, o pensamiento que nos llegue debe ser cotejado con la Palabra de Dios, y todo argumento vano debe ser derribado e ignorado (ver 2 Co 10:5), porque el conocimiento de la Palabra escrita de Dios es de vital importancia para discernir la voz de Dios.

Mucha gente siente que está demasiado ocupada para leer la Palabra; si eso es verdad, realmente están *demasiado* ocupados. Una sorprendente cantidad de personas que trabajan en el ministerio usan el servicio a tiempo completo como excusa para no dedicar un tiempo personal a la lectura de las Escrituras y a la comunión con Dios. Ellos consideran que su servicio *para* Él es pasar tiempo *con* Él. Naturalmente, todos tenemos que servir al Señor, sin detenernos a pensar si nuestra tarea está clasificada como un ministerio o no. Pero si vamos a ser aptos para trabajar para Dios, *siempre* debemos dedicarle tiempo a Dios, escudriñando su Palabra y conversando con Él. Todo aquel que trabaja en el ministerio es un blanco seguro para el enemigo y necesita la protección de la Palabra escrita aun más que otros. El apóstol Pablo nos dice:

"Pues aunque andamos en la carne, no luchamos según la carne, porque las armas de nuestra contienda no son carnales, sino poderosas en Dios para la destrucción de fortalezas, destruyendo especulaciones y todo razonamiento altivo que se levanta contra el conocimiento de Dios, y poniendo todo pensamiento en cautiverio a la obediencia de Cristo" (2 Co 10:3-5, LBLA).

Si no conocemos la Palabra, no tendremos con qué comparar las teorías y argumentos que guerrean contra la perfecta voluntad de Dios para nosotros. El diablo puede presentarnos ideas descabelladas que para nosotros parezcan tener sentido, pero no por ser lógicas significa que vengan de Dios. Podemos oír lo que queremos oír, pero esto no quiere decir necesariamente que hayamos oído a Dios. Una idea puede *parecernos* buena según nuestras emociones, pero no logrará darnos paz si no está en línea con la Palabra de Dios.

Dedica tiempo cada día a leer la Palabra. Tal vez te inclines por algún plan de lectura en especial. Por ejemplo, yo disfruto de la Biblia Amplificada (en inglés) porque explica el significado de palabras importantes. También es provechoso leer distintas versiones de la Biblia para adquirir mayor comprensión. Además, disponemos de maravillosos libros de referencia que nos proporcionan información sobre el contexto histórico de las Escrituras y las implicaciones culturales del período en que fueron escritas. Lo fundamental es leerla; así, ante cualquier prueba que nos toque enfrentar, Dios puede hacer brotar las respuestas escondidas en las páginas de su Palabra escrita.

Dios habla por medio de la sabiduría y del sentido común

Una de mis formas favoritas de escuchar a Dios es a través de la sabiduría convencional y del sentido común. La sabiduría discierne la verdad en una situación, mientras que el sentido común nos proporciona buen juicio para saber qué hacer con esa verdad. Considero que la sabiduría es sobrenatural puesto que no es enseñada por el hombre, sino un don de Dios.

Existe mucha gente inteligente y sofisticada que carece de sabiduría y sentido común. La Palabra dice: "Pero si alguno de vosotros se ve falto de sabiduría, que la pida a Dios, el cual da a todos abundantemente y sin reproche, y le será dada" (Stg 1:5, LBLA).

Realmente, me asombra cuánta gente parece creer que todo su sentido común debe anularse para poder ser "espirituales". Pero lo cierto es que la gente espiritual no se pasa todo el día flotando en nubes de gloria mientras ve ángeles y escucha voces incorpóreas. Vivimos en un mundo real con situaciones reales y necesitamos respuestas reales. Esas respuestas se encuentran en la Palabra de Dios, y su Espíritu Santo se encarga de revelárnoslas.

Nosotros debemos buscar a Dios y Él nos hablará, y como Él es el Espíritu de sabiduría, no nos dirá que hagamos cosas necias. La sabiduría y el sentido común están íntimamente ligados; por eso me gusta decir que sabiduría es decidirse a hacer hoy algo de lo que estaremos satisfechos el día de mañana o más tarde en la vida.

Cuando voy de compras, a menudo le pido a Dios que me dé sabiduría. No es que ore antes de comprar cada cosa, pero siempre trato de reconocer a Dios en todos mis caminos. Si voy a gastar una suma considerable de dinero, espero en el Señor durante un tiempo para ver si siento paz al respecto o no.

Muchas veces le pedimos a Dios que nos hable y nos guíe; pero, aunque no nos responda con una palabra específica, deberemos seguir el curso de nuestra vida diaria. Tomamos decisiones a lo largo de todo el día, y Dios no nos va a estar indicando cómo adoptar cada pequeña resolución, sino que nos da sabiduría para superar las dificultades que se nos presenten durante la jornada. Cuando no recibimos una palabra *rema* de parte de Dios, debemos recurrir a la sabiduría convencional para realizar nuestras elecciones.

He aprendido a hacer específicamente lo que Dios me dice cuando me habla. Pero si no lo hace, no significa que no me esté guiando. Dios confía en que, en ciertas cuestiones, seré capaz de reconocer lo que está bien y lo que está mal. No necesito recibir una "gran palabra" de parte de Dios, pero aprendí a esperar en Él para ver si es preciso que intervenga en lo que estoy planeando hacer.

Por ejemplo, si pregunto: *"Señor, ¿está bien si compro esto?"*, y no oigo que Dios diga nada, mi siguiente pregunta es: *"¿Puedo afrontar el gasto?"* Obviamente, si no puedo hacerlo, la sabiduría responderá: "No lo compres". No es necesaria la voz audible de Dios cuando la sabiduría está diciéndome claramente la verdad.

> Si la gente escuchara a la sabiduría, se evitaría muchos problemas.

Si la gente escuchara a la sabiduría, se evitaría muchos problemas. El libro de Proverbios es una gran fuente de consejos sabios y prudentes, y te recomiendo que leas al menos unos cuantos versículos de este libro y también de los Salmos cada día. Con esto no intento establecer normas o reglamentos, sino simplemente compartir lo que ha sido de provecho para mí. Casi todos los días leo algún pasaje de estos libros; el de los Salmos siempre me alienta y me edifica, y Proverbios me aconseja cómo evitar problemas.

Dios nos habla sabiduría por medio de lo que llamo el "sentido común santificado". Muchas personas, incluso cristianas, ignoran su sentido común y toman decisiones imprudentes. Un ejemplo del *no* uso del sentido común es cuando una persona siente que va a sucederle algo malo a alguien, y le llama para decirle: "Estuve orando por ti, y sentí que algo realmente malo está por sucederte". Partamos de la base que no creo que sea sabio decirle cosas como esa a una persona. Esa clase de noticias sólo puede infundir temor, y la Palabra de Dios nos dice que no temamos. El sentido común dice que, si lo que recibimos respecto de alguien viene de Dios, es un alerta para que oremos por la protección de esa persona. ¿Qué lograríamos con atemorizarla con semejante noticia?

Por supuesto, no descarto que Dios pueda guiarnos a darle a alguien una palabra específica para una situación específica, pero jamás nos mandará a infundirle a nadie un temor generalizado. Son dos cosas muy diferentes. Solamente el sentido común nos ayuda a razonar sobre el posible resultado de nuestras decisiones y a saber qué camino deberíamos tomar. Pídele a Dios que te dé sentido común santificado para guiarte.

Aprecio profundamente a la gente que usa su sentido común. En ocasiones, preferiría estar rodeada de personas conocidas por esa cualidad, y no de algunos considerados gigantes espirituales.

Dios habla por medio de sueños y visiones

En la Biblia hay muchos relatos en los que Dios habla a la gente por medio de sueños y visiones, pero ésta es una de las formas que él usa menos frecuentemente para hablarnos, y no podemos dar por sentado que cada sueño que tengamos provenga de Dios. Si lo hacemos, podemos malinterpretar imágenes que nos llevarán a confusiones.

Sueño mucho, pero la mayoría de mis sueños no son proféticos. No he tenido muchos que sienta que fueron mensajes espirituales, pero sí soñé algunos que sé que eran de Dios, ya sea porque recibí la interpretación al momento de despertar, o porque simplemente permanecieron en mi memoria hasta que Dios me reveló su significado.

Lo que sigue es un ejemplo de un sueño espiritual que tuve una vez. Acababa de dejar mi trabajo en una iglesia de St. Louis para empezar a hacerlo por mi propia cuenta. Estaba *realmente* asustada de iniciar el ministerio a tiempo completo. Cierta noche soñé esto:

> Iba manejando por una calle, en una línea de tránsito. De pronto, los demás conductores empezaron a salirse de la calle, estacionando a un costado del camino, o disminuían la velocidad para encontrar algún lugar por dónde dar vuelta para regresar.
>
> Me preguntaba qué estaría sucediendo más adelante, que hacía que toda esa gente estacionara sus coches o se volviera por donde había venido. Traté de ver más adelante y observé que la autopista conducía a un puente totalmente sumergido en el agua. Por supuesto, comprendí por qué la gente tenía miedo de avanzar.
>
> Miré el puente, luego volví mi mirada hacia el lugar de donde había venido. Miré el puente nuevamente, y otra vez volví mi mirada hacia atrás.

Cuando desperté, Dios me habló, diciendo: "Joyce, has emprendido un nuevo viaje. Estás transitando un camino que en ocasiones va a parecerte un poquito peligroso o inseguro". Pero Él dijo: "Siempre habrá en el camino muchos lugares donde puedas estacionar o dar la vuelta y regresar al sitio de donde viniste, pero estoy buscando a alguien que avance hasta el final y haga lo que Yo le digo que haga".

En ese instante comprendí lo que Dios me estaba diciendo, y me he afirmado sobre esa palabra muchas veces, cuando estuve en luchas o cuando las cosas parecían complicarse. Me recuerda que, al principio, Dios me advirtió que me sentiría tentada a detenerme ahí donde esté, o a dar la vuelta, porque ignoro lo que había más adelante. El conocimiento de que los tiempos difíciles eran parte de su plan, me hizo seguir avanzando a través de los caminos inciertos.

Por algún tiempo, Dios estuvo tratando muy severamente conmigo respecto de mi actitud; me corrigió respecto a mis acciones durante un par de días turbulentos y rebeldes, y era obvio que no se detendría hasta que me humillara ante su instrucción.

En esa etapa de desaliento, soñé con una fila de cinco o seis modelos de casas muy bonitas que se exhibían en un nuevo loteo. Las casas eran de diferentes tamaños, y la que me llamó particularmente la atención fue una de las más grandes. Veía cómo la gente entraba en esa casa y, mientras recorrían las habitaciones, se encontraban con toda clase de basura dejada por el equipo de construcción. Había restos indeseables desparramados por todas partes, y especialmente en la habitación donde todos entraban. Al despertar, entendí de inmediato la interpretación de ese sueño.

El Señor me dijo: "Nos estamos preparando para estar en televisión dentro de pocas semanas, y estoy preparándome para ponerte en exhibición; pero cuando la gente mire tu vida, no quiero que encuentre basura".

El sueño me reconfortó, porque era una palabra positiva de parte del Señor; y, aunque fue duro soportar su corrección, entendí que realmente Él no podía exhibirme en televisión como yo anhelaba, hasta que estuviera más sujeta a su plan.

Por otro lado, literalmente he soñado miles de sueños que carecen completamente de sentido. Realmente, si quisiera hacer que dijeran algo específico, creo que me causaría mucha confusión y, además, muchos problemas. Los sueños son interesantes, pero habitualmente resultan demasiado inestables para tomarlos como guía. Como habrán escuchado, muchos son "sueños de pizza" o "sueños de tacos"; en otras palabras, son el resultado de comer alguna comida picante antes de irse a dormir, lo que impide que tengamos un descanso profundo y reparador, y entonces soñamos cosas bastantes extrañas durante casi toda la noche.

Recientemente, mi hija soñó que yo era la presidente de los Estados Unidos y que todos estaban enojados conmigo porque dejaba que la gente se enfermara. Me pusieron en la cárcel pero el tribunal convino en dejar que mi hija fuera a cuidarme. Entonces cargó el coche con todas las cosas que a mí me gustan para que estuviera cómoda en la prisión; incluso llevó el agua burbujeante de la cual suelo beber unas cuantas botellas por día.

> Los sueños son interesantes, pero muy inestables para tomarlos como guía.

De pronto, vio que el guardia se iba a hacer otra cosa, y me dijo que subiera al auto para escapar. Me apresuré a hacerlo y huí manejando a toda velocidad, mientras ella me llamaba tratando de decirme que había olvidado mi teléfono celular.

Conozco personas que efectivamente tratarían de "interpretar" este sueño, buscándole el lado espiritual. La realidad es que en mi familia siempre me hacen bromas sobre llegar a ser la primer mujer presidente; que mi hija es la que se encarga de muchos detalles de mi vida, incluso de preparar mi equipaje cuando tengo que viajar; y también, que toda nuestra familia mantiene demasiado ocupada la línea de celulares. Realmente no sé por qué soñamos tantas cosas extrañas y aparentemente confusas. Pero esto es seguro: en mi opinión, la gente que trata de darle demasiadas vueltas a sus sueños, con seguridad será más susceptible al engaño.

Comprendemos que Dios sí habla por medio de sueños. Le habló en sueños a José, y éste interpretó los del Faraón, y también los de los dos sirvientes con quienes estuvo en la cárcel (ver Gn 40 y 41). La Biblia registra varias otras personas a quienes Dios les habló mediante sueños. Joel 2:28

afirma que en los últimos días los ancianos soñarán sueños y los jóvenes verán visiones. Tengo una amiga, a quien conozco desde 1983, que tiene muchos sueños espirituales. Durante aquellos años me compartió cuatro que tuvo acerca de mí, cada uno de los cuales fue asombrosamente exacto.

Los sueños son, ciertamente, una de las formas válidas en las que Dios habla, pero es también un área en la cual la gente se confunde con mucha facilidad, por el simple hecho de que tantos alrededor del mundo sueñan casi todas las noches y no todos los sueños son espirituales. Usa el discernimiento, la sabiduría y el equilibrio; y si Dios está tratando de hablarte o de decirte algo por medio de un sueño, estoy segura de que tendrás la confirmación en tu corazón.

Dios también habla por medio de visiones, que difieren de los sueños en que estos ocurren cuando dormimos. Yo he experimentado dos clases de visiones. A una de ellas la llamo visión abierta, y sucede cuando tengo los ojos abiertos, pero sólo veo el ámbito espiritual, en vez del ambiente que me rodea.

Dios me dio una breve visión en la que me mostraba que debería llevar nuestro ministerio al norte, al sur, al este y al oeste. Había comenzado un período especial de ayuno y oración, y era la primera vez que trataba de mantenerme solamente con agua. Estaba desesperada por escuchar a Dios, porque pensaba que me estaba diciendo que dejara mi trabajo en la iglesia y comenzar mi propio ministerio. Como se trataba de una decisión seria, quería estar segura de escucharlo claramente.

Dios no nos da visiones porque sí; creo que nos habla de estas maneras más espectaculares en momentos de nuestra vida en los que necesitamos una dirección definida. Además, las visiones parecen venir a la gente cuando está específicamente buscando a Dios.

Otra clase de visiones que he experimentado con mayor frecuencia, es cuando veo cosas en el espíritu. Hubo ocasiones en que estaba observando a alguien, pero en mi espíritu veía algo relativo a esa persona que mis ojos naturales no percibían. Por lo general, cuando en el ámbito espiritual veo algo relacionado con cierta persona, también recibo palabras proféticas para animarle específicamente.

Las visiones son muy parecidas a los sueños; indudablemente son usadas por Dios, pero debemos ser prudentes y probar los espíritus, como la Biblia nos instruye hacer (ver 1 Jn 4:1-3). Creo firmemente que existen personas más dotadas que otras en sueños y visiones.

He conocido unas pocas personas que siempre parecen estar viendo cosas en el ámbito espiritual. Dicen que ven ángeles como yo veo a la gente. No quiero dar por sentado que ellos no ven ángeles simplemente porque mis dones no funcionen en esa dirección; ni intento hacer que me ocurra algo, sólo porque otros me han contado que a ellos les sucede. Aprendí a dejar eso en manos de Dios. En este libro, he decidido hablar más sobre lo que *normalmente* le sucede a la *mayoría*, y no de lo que *pueda* pasarle a *unos pocos*.

Creo que si exaltamos lo que les ocurre a unos pocos, todos los que no han tenido experiencias similares sentirían que carecen de algo —por ejemplo, pensarían que son enanos espirituales o simplemente que no saben cómo oír a Dios. Conozco gente a quien Jesús se le apareció varias veces, sentándose con ellos al lado de su cama y sosteniendo una conversación durante un tiempo prolongado; pero jamás me ocurrió a mí.

Cuando me sentía menos segura de mis dones espirituales, me comparaba con esa gente, y me preguntaba: *¿Qué anda mal en mí?* Desde entonces, aprendí que soy una persona única, con un llamado igualmente individual y único. Los dones que recibí de Dios están de acuerdo con ese llamado, y todos son para su propósito y su plan.

Estoy contenta y satisfecha, y te animo firmemente a adoptar la misma actitud. Después de todo, "un hombre no puede recibir nada, si no le es dado del cielo" (Jn 3:27, LBLA).

Dios habla por medio de la profecía

Hay veces que Dios habla proféticamente a través de otras personas, para revelar su plan para nuestras vidas. Una profecía inspirada por Dios fortalecerá, alentará y confortará al que la recibe (ver 1 Co 14:3).

Existe una diferencia entre una persona que tiene el don de profecía y alguien que ha sido designado para el oficio de profeta en el Cuerpo de Cristo. Un profeta tiene una palabra más fuerte para la iglesia en general, mientras que aquel en quien opera el don de profecía simplemente fortalece y anima a los creyentes en forma individual.

> Soy una persona única, con un llamado igualmente individual y único.

La Palabra nos exhorta a recibir y aceptar la profecía divinamente inspirada:

> "Procurad alcanzar el amor; pero también desead ardientemente los dones espirituales, sobre todo que profeticéis. Pero el que profetiza habla a los hombres para edificación, exhortación y consolación. El que habla en lenguas, a sí mismo se edifica, pero el que profetiza edifica a la iglesia" (1 Co 14:1, 3–4, LBLA).

La profecía debe ser conforme a la Palabra de Dios, y una palabra profética personal debería confirmar algo que ya está en tu corazón. Es lindo cuando eso ocurre, porque sabes que la persona no conocía nada de lo que Dios te estaba hablando. Pero si alguien te dice que salgas al campo misionero, o al instituto bíblico, no dejes tu trabajo y vayas a menos que sepas que Dios habló esa misma palabra a tu corazón. He visto gente meterse en líos terribles por tratar de basar su vida en lo que otros le dijeron que era un "mensaje profético de parte de Dios".

Si la profecía no armoniza en tu corazón, ni siquiera te preocupes. Hay mucha gente bienintencionada que cree recibir palabra de Dios para otros, pero no es así. Si alguien te profetiza algo que no está en tu corazón, te sugiero que escribas las palabras que declararon sobre ti y esperes a que el Señor te revele si provienen de Él o no.

En repetidas ocasiones, se me acercan personas y me comparten su inquietante preocupación de que están intentando hacer algo porque alguien les profetizó que debían hacerlo. Y, en muchas oportunidades, se sienten confundidos porque la situación no ha mejorado en nada. Me produce tristeza ver cómo algunos tratan de hacer que una profecía se cumpla, porque no debemos fundamentar nuestras vidas en ese tipo de cosas.

> La oposición es una de las señales más grandes de que su mensaje era de Dios.

Si una profecía viene realmente de Dios, *Él hará que se cumpla* a su tiempo. Haz la profecía a un lado y sólo espera para ver si Dios la hace realidad. Él te hablará de otras maneras para confirmarla, si realmente es suya.

Conozco situaciones en que pasaron de cinco a diez años antes de que sucediera algo para probar que una profecía en verdad era de Dios. Aun cuando tenemos clara dirección de Dios, es necesario dejar que Él cumpla sus promesas, sin tratar de manipular ese cumplimiento. Cuando una promesa se cumple, el Espíritu Santo traerá a la memoria la palabra que recibimos años antes, para que sepamos que estamos caminando en el perfecto plan de Dios.

Si una buena palabra fue declarada sobre ti por medio de otros creyentes consagrados y de oración, la oposición es una de las más grandes señales de que su mensaje era de Dios. Aférrate a ese mensaje hablado o escrito cuando el diablo te diga que no fuiste llamado o llamada, o que nunca vas a lograr lo que está en tu corazón hacer, o que nunca vas a prosperar o que tu situación nunca mejorará. Tu arma contra sus ataques serán las palabras que han sido profetizadas sobre tu vida.

Recuerda, lo que fue dicho mediante el don de profecía te ayudará a permanecer firme en la fe cuando el diablo declare guerra contra tu llamado. Si la profecía es realmente de Dios, a la larga, el diablo vendrá a desanimarte para que no creas la verdad, y podrás pararte firme y confiado, porque sabes lo que el Señor dijo de ti.

Mientras esperas que Dios actúe, deberías seguir las instrucciones dadas por el apóstol Pablo a Timoteo:

"En tanto que llego, dedícate a la lectura pública de las Escrituras, y a enseñar y animar a los hermanos. Ejercita el don que recibiste mediante profecía, cuando los ancianos te impusieron las manos. Sé diligente en estos asuntos; entrégate de lleno a ellos, de modo que todos puedan ver que estás progresando. Ten cuidado de tu conducta y de tu enseñanza. Persevera en todo ello, porque así te salvarás a ti mismo y a los que te escuchen" (1 Tim 4:13-16, NVI).

No debemos buscar que Dios nos hable de una manera específica. A veces le digo al Señor que querría que Él me diera una palabra, pero jamás le pido que la envíe de cierta forma en particular. Si alguien ungido con un don profético no tiene una palabra para mí, no me siento desanimada o afligida, porque confío que si Dios quiere hablarme, lo hará de alguna manera.

De todos los pedidos de oración que recibimos en nuestra oficina, el mayor porcentaje pertenece a gente que tiene problemas y no sabe qué hacer. Quieren oír a Dios. Necesitan tomar una decisión, y entonces piden oración para saber cómo seguir. La indecisión nos hace sentir incómodos, pero la confusión aumenta cuando empezamos a acudir a otros para preguntarles lo que deberíamos hacer.

Encuentro interesante poder predicar la Palabra durante un fin de semana completo; pero invariablemente alguien se acerca después de terminada la reunión y me dice: "Creo que Dios dijo que tienes una palabra para mí".

Yo me quedo perpleja, pensando: *Bueno, ¿qué crees que he tenido para ti estos últimos tres días?* Muy amablemente accedo a orar por ellos para ver si Dios me habla a su favor, pero la mayoría de las veces la gente quiere ser dirigida de un lado a otro por lo que otra persona le dice. Es triste que en el mundo haya tanta gente insegura que cree que no puede oír a Dios por sí misma, y pasa toda su vida intentando escucharlo por medio de terceros.

> Debemos dejar que sea Dios quien inicie la profecía en nuestras vidas.

Si pierdes el sentido de estabilidad por estar siempre preguntando a los demás lo que debes hacer, eso entorpecerá tu capacidad de oír a Dios por ti mismo. Además, la mayoría ni siquiera sabe lo que *ellos* mismos están haciendo, de modo que no resultan calificados para decirte a ti lo que deberías hacer. Con esto no quiero ofender a nadie, pero mucha gente tiene demasiadas preocupaciones propias, como para asumir también responsabilidad por tu vida.

A veces la gente me pregunta qué pienso que Dios quiere que hagan en cierta situación. Si conozco lo que la Palabra dice respecto a su circunstancia particular, lo comparto con ellos. Si tengo algún discernimiento al respecto, también se los digo. Pero muchas veces me siento presionada cuando la gente quiere que tome las decisiones por ellos. Eso me ayuda a saber que no es mi tarea oír a Dios por los demás. ¡Mi tarea es *enseñarles* a oír a Dios ellos mismos, no hacerlo en su lugar! El Espíritu Santo puede guiar individualmente a cada uno de nosotros.

Hace algún tiempo teníamos un matrimonio que había trabajado con nosotros durante más de doce años, pero que no estaban satisfechos con sus puestos y sentían que Dios quería que hicieran otra cosa; sin embargo, no tenían idea de qué podría ser. Consideraban que su etapa con nuestro ministerio había terminado y que habían perdido la gracia para cumplir con sus tareas. Ya no querían trabajar más para nosotros, pero tampoco querían quedarse sin trabajo. Entonces se acercaron a Dave y a mí y nos dijeron: "Creemos que Dios va a mostrarles a ustedes lo que debemos hacer".

Hay gente que disfruta diciéndoles a los demás lo que deberían hacer con sus vidas, pero no soy una de ellas. Particularmente, no me gusta asumir esa clase de responsabilidad; siento que es suficiente con tratar de dirigir mi propia vida y ministerio, y oír a Dios por mí misma. Además, la gente necesita tener la certeza y la confianza de que ellos mismos, y no otros, han oído a Dios. Si no, se sentirán inseguros y hasta confundidos cuando lleguen los tiempos de prueba que, tarde o temprano, siempre vienen.

Compartimos con esta pareja algunos principios de simple y pura sabiduría, pero definitivamente no podíamos decirles que se fueran o se quedaran. Era una decisión importante que debían tomar ellos, especialmente porque afectaría no sólo sus ingresos sino también sus destinos.

Dios es un Dios celoso y no aprueba que estemos poniendo a otros antes que Él, y que acudamos a ellos para preguntarles qué deberíamos hacer. Creo que deberíamos averiguar en su Palabra lo que Dios dice respecto de nuestra situación, explorar su sabiduría, y dejar que decisión sea determinada por la paz en nuestro corazón. Luego, si lo consideramos necesario, podemos recurrir ocasionalmente a alguna persona de confianza, que busque en oración la voluntad de Dios para nosotros, simplemente para tratar de confirmar que lo que queremos hacer es lo debido. En un capítulo posterior voy a compartir cómo Dios en ocasiones usa el consejo de otros, pero aun así, debemos buscar el equilibrio en esta área. Y los consejos que nos den deben estar en armonía con la Palabra de Dios y tienen que ser probados según nuestro testigo interior de la verdad de Dios.

Debemos dejar que sea Dios quien inicie la profecía en nuestras vidas, pues si no nunca podremos saber si la hemos provocado nosotros mismos. Si le preguntamos a la gente si tiene una palabra de Dios para nosotros, quizás nos hablen carnalmente, sólo porque no saben qué otra cosa hacer.

Es necesario que confiemos en que Dios habla a nuestro corazón. En los muchos años que llevo caminando con Dios, nunca le pregunté a nadie si tenía una profecía para mí. En caso de que alguien tenga una palabra para nosotros, Dios acomodará todo de modo sobrenatural, sin que lo busquemos. No tenemos que andar inquiriendo o preguntando: "¿Tienes una palabra para mí?" De vez en cuando profetizo, pero le digo a la gente que sus vidas no deben guiarse por la profecía personal.

Un hombre llamado Fred asistió a uno de nuestros seminarios sobre el matrimonio. Fred nos compartió que en su trabajo lo maltrataban y no le pagaban lo justo; aunque había servido fielmente a su empleador durante años, lo degradaban y se burlaban de él. Era obvio que el trato que recibía no era justo. En ese momento, el Espíritu del Señor vino sobre mí, y le profeticé que tendría un trabajo donde sería respetado, donde la gente vendría a pedirle consejo y donde ganaría bien. Su situación empeoró considerablemente antes de que la palabra de Dios para él demostrara ser verdadera. Pero luego *sí mejoró*. No sucedió de un día para el otro, pero la verdadera palabra de Dios siempre se cumple. La profecía tiene como propósito exhortarnos y animarnos con la promesa de Dios, mientras esperamos que Él la haga real en nuestras vidas.

Reconozco que no difiero de los demás en que me gusta

recibir una refrescante palabra que realmente proviene del Señor. Es maravilloso oír que Dios nos habla específicamente por medio de alguien que de ninguna manera podría conocer nuestras necesidades. La profecía es un tremendo don de Dios, pero no debemos depender de una palabra profética; es más importante obtener la guía de la Palabra de Dios.

Cuanto más maduros seamos en el Señor, tanto más le oiremos nosotros mismos, sin la sobrenatural intervención de un mensaje profético traído por otra persona. A medida que aprendas cómo oír a Dios por ti mismo, verás que vas a recibir menos palabras de otros que las que recibías en los comienzos de tu andar con el Señor.

Cuando Dios me llamó al ministerio, recibí muchas declaraciones proféticas de otros. Pero a veces pasaron años sin recibir que nadie me diera una sola palabra profética. Es un gran don cuando nos es concedido, pero recordemos que no debemos estar esperando una palabra, o fundamentar nuestra vida en lo que alguien nos dijo. Nuestro deber es leer, y estudiar diligentemente la Palabra de Dios, y predicar y enseñar las buenas nuevas. Mientras lo hacemos, Dios cumplirá su plan para nosotros y por medio de nosotros.

Preguntas para reflexionar

1. ¿Has sentido que Dios te habló? ¿Le estás permitiendo que Él cumpla su palabra, o estás intentando hacer que se cumpla por tus propios medios?

2. ¿Por qué es tan importante dedicar tiempo a la Palabra de Dios? ¿Cómo nos protege del engaño? ¿Qué estás haciendo para asegurarte que estás bebiendo profundamente de la Palabra? ¿Tienes algún plan?

3. ¿Cómo puedes determinar si una palabra que declararon sobre ti es verdadera o no?

4. ¿Tienes algún prejuicio contra las palabras proféticas? Si es así, trata de explicar o analizar la razón por la que sientes de esa manera.

5. ¿Te encuentras a ti mismo buscando que otros te den palabras para tu propia situación? Si es así, ¿te sientes atemorizado de buscar una respuesta de Dios por ti mismo? ¿Por qué?

6. ¿Cuáles son las maneras detalladas en este capítulo en las que el Señor nos habla? ¿Has experimentado a Dios hablarte de esas formas? Descríbelo.

7. ¿Qué te está guiando a hacer Dios en respuesta al mensaje de este capítulo?

4

Dios habla por medio de las cosas naturales

=

Por compasión a la humanidad, Dios no ocultó de nadie la realidad de su existencia. La Palabra dice que Dios se revela a sí mismo a todo ser humano:

> "...porque lo que se conoce acerca de Dios es evidente dentro de ellos, pues Dios se lo hizo evidente. Porque desde la creación del mundo, sus atributos invisibles, su eterno poder y divinidad, se han visto con toda claridad, siendo entendidos por medio de lo creado, de manera que no tienen excusa" (Ro 1:19-20 LBLA).

Las personas que ahora se declaran ateas algún día comparecerán ante el Señor y no tendrán cómo defenderse, puesto que Dios habla a cada uno por medio de la obra de sus manos. Aun aquellos que viven fuera de la voluntad de Dios, distinguen lo bueno de lo malo y perciben la realidad de Dios, porque la naturaleza misma testifica del poder de Dios y del plan divino. El Salmo 19:1-4 dice:

"Los cielos proclaman la gloria de Dios, y la expansión anuncia la obra de sus manos. Un día transmite el mensaje al otro día, y una noche a la otra noche revela sabiduría. No hay mensaje, no hay palabras; no se oye su voz. Mas por toda la tierra salió su voz, y hasta los confines del mundo sus palabras. En ellos puso una tienda para el sol" (LBLA).

Te animo a que dediques tiempo a mirar lo que Dios ha creado. El mensaje más importante que Él nos da a través de la naturaleza es que *Él es*. Punto. Esta revelación es fundamental porque la Biblia dice que antes de poder acercarnos a Dios, primero debemos creer que Él es: "Y sin fe es imposible agradar a Dios, porque es necesario que el que se acerca a Dios crea que Él existe, y que es remunerador de los que le buscan" (Heb 11:6, LBLA).

Dios ha dado a cada persona una medida de fe para creer en Él (ver Ro 12:3). Las primeras palabras de la Biblia son nuestra primera lección de fe: "En el principio creó Dios…" Muchos reconocen que Dios existe, pero no aprendieron a relacionarse con Él en su vida cotidiana, cuando se enfrentan con luchas o dificultades. Por gracia, Dios trata de acercarse a nosotros cada día, dejando señales por todos lados. Él dejó alrededor de nosotros huellas que proclaman a viva voz: "Estoy aquí. No tienes por qué vivir con temor, no tienes por qué preocuparte. Estoy aquí".

Jesús dijo que consideráramos los lirios del campo (ver Mt 6:28) y los cuervos del aire (ver Lc 12:24). Meditando cómo Dios adorna los campos y alimenta a las aves podemos recordar que Él cuida aún más de nosotros. Un agradable paseo al aire libre es una gran oportunidad para tomarnos unas cortas vacaciones de las presiones de la vida diaria, y mirar los árboles, los pájaros, las flores y a los niños que juegan. ¿Cómo puede alguien mirar a un bebé y dudar de la existencia de Dios?

Cuando consideramos cómo algunos árboles que parecen totalmente muertos en invierno, vuelven a vivir cada primavera, recordamos que Dios hará que nuestras vidas vuelvan a florecer, aunque sintamos que nuestra situación no tiene esperanza. Podemos mirar un árbol y pensar: *El invierno anterior parecía inerte, pero ahora florece.*

Cuando necesito tomarme un descanso de mi trabajo, disfruto mirando un árbol y viendo cómo se mece en el viento. Noto que hay hojas de pino muertas que cuelgan de las ramas, pero luego un fuerte viento se lleva las secas, dejando lugar para los nuevos brotes ya listos para crecer y florecer. Esto me recuerda que el viento de Espíritu Santo es fiel para llevarse aquello que ya no es necesario en nuestra vida, y que podemos confiar en que Dios protegerá todo lo que deba permanecer.

El sol sale cada mañana y se pone cada noche. En el cielo se ven las estrellas, y el universo permanece en orden como un recordatorio de que Dios está velando por nosotros. Así como mantiene a los planetas en sus órbitas, también puede mantener en orden nuestra vida.

> Por gracia, Dios trata de acercarse a nosotros cada día.

El océano es asombrosamente imponente, pero las poderosas y rugientes olas se detienen en cierto lugar porque Dios les ordenó que no traspasaran ese límite (ver Pr 8:29). Piensa en los distintos animales y cómo Dios le dio a cada uno una forma de protegerse. Por ejemplo, algunos cambian de color para adaptarse al medio cuando les acecha el peligro, y otros arrojan veneno contra su agresor.

En el libro de Job, Dios le preguntó a Job: "¿Dónde está el camino a la morada de la luz? Y la oscuridad, ¿dónde está su lugar?" (ver Job 38:19, LBLA). La realidad es que no conocemos todo de Dios; no sabemos dónde se almacena el viento, la lluvia, o el granizo (v. 22). Parece que cualquier persona racional podría tener certeza de la existencia de Dios simplemente por estar en la naturaleza y observarla; no obstante hay quienes persisten en su incredulidad.

Dios habla por medio de nuestras capacidades naturales

Nos preguntamos: *¿Qué debo hacer con mi vida? ¿Cuál es mi propósito aquí? ¿Tiene Dios un llamado para mí?* Dios responde estas preguntas a través de nuestros dones y capacidades naturales, y nos guía hacia nuestro objetivo por medio de habilidades innatas y talentos únicos que Él nos concedió.

Los dones dados por Dios son las actividades que una persona realiza fácilmente sin recibir instrucción formal. Muchos grandes artistas sencillamente saben cómo combinar las formas con los colores, y les gusta diseñar edificios o esculpir objetos bellos y útiles. Muchos escritores de canciones simplemente escriben la música que escuchan en su cabeza. Hay quienes son excelentes organizadores, mientras que otros son consejeros natos, que ayudan a la gente a ordenar sus vidas y sus relaciones. Nos produce mucho placer hacer aquello para lo que somos naturalmente aptos.

Si no te sientes seguro de cuál sea tu propósito, tan sólo haz algo para lo que tengas talento y observa cómo Dios te lo confirma bendiciendo tus esfuerzos. No pases la vida tratando de hacer algo para lo cual no estás capacitado. Por ejemplo, yo intenté cultivar un jardín, envasar tomates y confeccionarle la ropa a mi marido. ¡No resulté muy hábil para ninguna de estas cosas, así que descarté hasta la idea de intentarlas! Era obvio que Dios no me estaba llamando a sembrar, a cultivar vegetales o a coser. Pero ¿qué sucedería si a nadie le gustara la jardinería, el envasado de alimentos o la costura? Dios mantiene el mundo en equilibrio dándonos a cada uno talento y placer naturales para hacer lo necesario para el bien de todos los que nos rodean.

Dios habla de la distribución de dones en varios pasajes de su Palabra. Génesis 4:20-22 menciona que Jabal era el padre de los que tenían ganado y adquirían posesiones. Su hermano Jubal era el padre de todos los que tocaban la lira y la flauta, mientras que su medio hermano Tubal-caín forjaba utensilios de bronce y de hierro. Cuando Salomón construyó el templo, Dios capacitó a artesanos idóneos para hacer el trabajo (ver 2 Cr 2).

Por otra parte, en la iglesia del Nuevo Testamento, Dios deja en claro que fuimos llamados a trabajar juntos como un cuerpo en Cristo. Designó a unos apóstoles, a otros profetas y a otros maestros. A algunos se les concede fe para ser obradores de milagros; otros tienen dones de sanidades; algunos tienen el don de ayuda; otros, dones de administración, y la Palabra dice que algunos hablan diversas clases de lenguas (ver 1 Co 12:28).

Yo intenté ser como otras mujeres a quienes admiraba, pero en ese entonces no entendía que cada una era talentosa en lo suyo. Si tratamos de hacer algo que odiamos hacer, no nos saldrá bien y no estaremos glorificando a Dios con nuestras vidas. Dios vino a darnos una vida abundante, no una vida miserable (ver Jn 10:10).

Cuando la gente trabaja en cosas para las que no es idónea, muy pronto comienza a sentirse infeliz, y hace que todos a su alrededor se sientan de la misma manera. Aun cuando criamos a nuestros hijos, debemos ver cuáles son sus talentos y habilidades y asignarles quehaceres de acuerdo con esas aptitudes. No tiene sentido hacer que todo el mundo se conforme a lo mismo, porque no somos todos iguales. Dios nos necesita a cada uno en nuestro lugar, de modo que alcancemos la plenitud, sin perder tiempo compitiendo con otro que tiene dones y talentos diferentes.

Cuando el conjunto de los empleados está en el lugar correcto, y cada uno en su puesto, el proceso funciona como una máquina perfectamente ensamblada. Si hacemos aquello para lo cual somos buenos, lo vamos a disfrutar, porque sentiremos que la unción de Dios reposa sobre nuestros esfuerzos y logros.

Dios nos habla a través de esta unción interior. Sabemos que nuestros dones y nuestro llamado están en operación cuando lo que hacemos ministra vida a otros. Si lo que hacemos nos hace sentir infelices, invadiéndonos de una sensación de inquietud, es posible que no estemos en la perfecta voluntad de Dios, pues Él nos da paz y gozo para hacernos saber que estamos cumpliendo su plan perfecto.

Tal vez fuiste llamado a hacer algo que a tu carne le parece difícil, pero si puedes superar esas dudas iniciales y darte cuenta que sientes paz una vez que pones manos a la obra, entonces sabrás que Dios está confirmando tus talentos naturales.

> No tiene sentido hacer que todo el mundo se conforme a lo mismo, porque no somos iguales.

Una mujer, a quien llamaré Sharon (ese no es su verdadero nombre), trabajó como nuestra ama de llaves mucho tiempo atrás, pero no sentía que su trabajo fuera importante; así que le pidió a Dios que la guiara a cualquier otro lado. Cuando Sharon nos dejó, probó varios trabajos, pero nada le dio jamás un sentido de realización personal. Finalmente, comenzó a trabajar como ama de llaves de otra persona y descubrió que le resultaba fácil realizar esa tarea y encontrar gente que la necesitara. Y terminó trabajando otra vez para nosotros, haciendo exactamente lo mismo que había hecho años antes. La diferencia era que ahora se sentía feliz y tenía paz.

Las personas que fueron ungidas para los ministerios "de ayuda", a veces luchan con el sentimiento de que su trabajo no es importante. Satanás los engaña para impedir que cumplan el propósito de su vida. Las ideas de Dios nunca se llevan a cabo sin la ayuda de todo el Cuerpo de Cristo, trabajando juntos para alcanzar el objetivo común. El enemigo odia nuestra unción y nuestra unidad cuando usamos nuestros dones para complementar los unos el llamado de los otros.

Es fundamental oír a Dios para descubrir dónde fuiste llamado a florecer. Luego, ve a donde se supone que debes estar —plántate, arráigate y afírmate —para poder dar fruto. No nos quedan demasiados años en esta tierra como para pasarlos sintiéndonos miserables por hacer el trabajo equivocado. A veces nos cansamos de hacer aquello para lo que fuimos ungidos, pero nos damos cuenta de que somos infelices al intentar hacer algo para lo que no hemos sido llamados.

Dios te hablará por medio de tus propios dones y talentos. Asegúrate de que lo que estés haciendo te ministre vida y no muerte. Busca la evidencia de la gracia en tu vida. Si no está presente, simplemente estarás luchando para realizar en la carne obras no ordenadas por Dios. Sé que estoy actuando en mis fuerzas cuando empujo y empujo para lograr algo, y me voy sintiendo resentida durante el proceso. Cuando no existe el deseo o la fuerza del Espíritu Santo, y la tarea me produce disgusto, sé que Dios me está diciendo que hay algún problema con mi plan.

Cuando estábamos tratando por todos los medios de tener un espacio en la televisión, me agotaba tanto que lloraba, pero aun así disfrutaba del proceso. A veces estoy tan cansada después de nuestros seminarios que lloro delante del Señor. Pero luego tomo fuerzas otra vez, y siento un deseo ardiente de llegar a la próxima conferencia. Para esto, necesito tener la gracia sobre mí. Y Dios no nos dará gracia para hacer algo para lo cual no nos llamó.

Te animo a pensar en aquello que te gusta hacer, tus habilidades naturales, aquello para lo que Dios te ha dado gracia, y luego permite que Dios sea Dios en tu vida. Él quiere fluir a través de ti de diferentes maneras, pero tal vez no de la misma forma en que fluye a través de otros. Confía en que su capacidad fluirá en ti y por medio de ti. Por eso, no tengas temor de ser único.

Dios habla por medio de personas

Como he mencionado, deberíamos madurar en nuestra fe hasta el punto en que no tengamos que recurrir a un tercero cada vez que necesitemos saber qué hacer en una determinada situación. Con esto, no quiero dar a entender que esté mal acudir a gente que consideramos más sabia que nosotros para pedirle una palabra de consejo. Pero sí creo que está mal, y es un insulto a Dios, acudir a otros con excesiva frecuencia. El hecho de que alguien nos aconseje no constituye necesariamente un problema, pero sí lo es cuando buscamos al hombre antes que a Dios; porque Él es un Dios celoso (ver Stg 4:5 y Dt 4:24) y quiere que pidamos su consejo.

El rey David se preguntó: "¿De dónde ha de venir mi ayuda? Mi ayuda proviene del SEÑOR, creador del cielo y de la tierra" (Sal 121:1-2, NVI). Es preciso decidir firmemente en nuestro corazón que buscaremos a Dios en primer lugar, como lo hizo David. Dios quiere guiarnos a cada uno de nosotros —no solamente a los predicadores a tiempo completo, sino a cada individuo que pone su confianza en Él.

Te animo a que poner equilibrio en esta área y a que abandones el hábito de buscar continuamente la opinión de terceros, si es que lo tienes. Disciplínate en acudir a Dios antes que a nadie, pero comprendiendo que Él puede usar el consejo de otros creyentes para aclararte ciertas cosas o para corroborarte que realmente lo estás escuchando.

La gente que nunca pide o acepta un consejo, por lo general tiene un serio problema con el orgullo. Otros nos pueden dar una palabra de orientación que confirme lo que hemos sentido en nuestro espíritu. Lo mejor es buscar a Dios y dejar que Él decida cómo y por medio de quién nos quiere hablar. En Números 22:20-28 vemos que Dios eligió hablarle al profeta Balaam por medio de su burra. Si no queremos, o por alguna razón, no podemos oírlo, Dios se valdrá de diversos recursos naturales –incluyendo al hombre–, para comunicarse con nosotros.

Ciertamente, hay ocasiones en que Dios usa a personas para dar "una palabra a su tiempo" a uno de sus hijos (ver Pr 15:23). Si Él decide hablarnos por boca de otro, lo cual hace con frecuencia, deberíamos recibir con humildad a quienquiera que Dios decida utilizar.

> "Sin consulta, los planes se frustran, pero con muchos consejeros, triunfan. El hombre se alegra con la respuesta adecuada, y una palabra a tiempo, ¡cuán agradable es!" (Pr 15:22-23 LBLA).

Estas Escrituras nos muestran que la palabra correcta, dicha en el momento preciso, es algo bueno.

Nuestro ministerio fundó y supervisa una iglesia en el área céntrica de la ciudad de St. Louis. Yo contraté una nueva secretaria, y ella comenzó a asistir a esa iglesia. Después de dos años, sentí que tal vez ella deseara congregarse en otro lado, pero pensaba que me ofendería si lo hacía, puesto que la iglesia de la que saldría era una extensión del Ministerio Joyce Meyer.

Esperé varias semanas antes de decirle algo, porque quería tener la certeza de que estaba oyendo la voz de Dios. He descubierto que si lo que estoy sintiendo *es* de Dios, permanece conmigo durante algún tiempo. Efectivamente, ese sentir no desapareció, así que un día me

> Busca a Dios y permítele que Él decida cómo y por medio de quién hablarnos.

acerque y le dije: "No sé si te sientes feliz en la iglesia del centro o no, pero me doy cuenta de que no está satisfaciendo tus necesidades como mujer soltera. Quería decirte que si alguna vez decides congregarte en otro lugar, no me voy a ofender".

Me miró asombrada y dijo: "Joyce, qué bueno es esto. He sentido que Dios quiere que asista a otra iglesia, pero deseaba estar realmente segura de que Él me lo decía. Esta es una gran confirmación de que lo estaba percibiendo correctamente".

> Dios estaba ofreciéndome una respuesta, pero no me gustaba recibirla por medio de un mensajero.

Como dije, no es incorrecto acudir a otras personas: puede resultar muy beneficioso. Pero debemos depender principalmente de Dios; si Él decide hablarnos por medio de un tercero, esa es su elección. Como en el caso de mi secretaria, ella estaba buscando a Dios, no a mí, pero Dios decidió utilizarme para hablarle.

Otro ejemplo tomado de mi propia vida es éste: cuando todo me va bien, siento libertad al predicar. Pero cuando percibo oposición a mi mensaje, noto que pierdo libertad. En esas circunstancias, sé que debo orar y depender de que Dios se mueva a mi favor.

Hubo un tiempo en que sabía que algo no andaba bien, pero no podía discernir qué era lo que me estaba inquietando. Esta situación continuó durante tanto tiempo, que más de una vez llegó a afectar mis predicaciones. Cada semana que tenía una reunión en St. Louis, lo sentía como el lío más grande en que jamás me había metido. Después de terminar cada reunión, le comentaba a Dave: "Ay, qué terrible fue".

Él me preguntaba: "¿Qué quieres decir? Fue un gran mensaje". Había algo que me estaba molestando; Dios, en su misericordia, no permitió que eso se evidenciara en mis mensajes, pero me sentía realmente incómoda. Después de tres semanas de preocupación, pensé: *Eso es. Esta noche me voy a quedar levantada hasta averiguar qué está sucediendo en mi vida. Ya no puedo seguir así*. Era algo que parecía molestarme en particular cuando predicaba. Me quedé hasta tarde para buscar a Dios, pero no obtuve ninguna orientación de Él. Luego aprendí que, a veces, Dios nos habla por medio de otras personas. Al día siguiente, al levantarme, Dave me dijo: "Creo saber cuál es tu problema".

Pensé: *¡Ah, grandioso! Dios no me dice a mí cuál es mi problema, pero sí va a decírselo a Dave.* En verdad, tuve una actitud muy mezquina al pensar: *Sí, seguro. Dave va a decirme cuál es mi problema con todos los que él tiene. No hace falta que me hable de los míos.*

Quizás te identifiques con la aprensión que sentía sabiendo que Dave iba a decirme qué era lo que andaba mal en mí. Había clamado a Dios: "¡Señor, muéstrame qué pasa!" Ahora Él me estaba ofreciendo una respuesta, pero no me gustaba recibirla a través de un mensajero. Todo lo que podía pensar era: *Bien, ¿quién crees que eres, tratando de decirme lo qué me pasa?* Imploramos poder oír a Dios, pero nos enojamos si otro oye su voz en nuestro nombre. Pero ésta es la forma en que Él habla algunas veces.

Entonces, le dije: "¿Cuál es el problema?"

Dave me respondió: "La otra noche, cuando hablamos de tal y tal cosa…" La cuestión era que habíamos escuchado a un predicador, y comenté que, en mi opinión, su mensaje iba en muchas direcciones sin llevar los puntos principales a una conclusión. A mí me gusta organizar mis pensamientos y terminar cada idea cuando predico. En realidad, no dije mucho respecto de él; pero en mi corazón estaba comparando su estilo con el mío. Yo, simplemente, había dicho que su prédica era un poco dispersa, y que resultaba difícil seguirlo y entenderlo.

Dave estuvo de acuerdo conmigo, pero agregó: "Tengo la impresión de que Dios dice que estás teniendo problemas por lo que dijiste acerca de ese predicador".

Me molestaba escuchar a Dave decir que Dios le había mostrado que yo actué mal, ya que al principio él había estado completamente de acuerdo conmigo. Por supuesto, lo primero que repliqué fue: "¡Sí, pero tú dijiste lo mismo!"

Dave me respondió: "Mira, no es mi intención que discutamos. Te estoy diciendo lo que creo que Dios me mostró. Yo no le estaba pidiendo que me mostrara tu problema; simplemente Dios lo hizo".

Dave es una persona práctica. Puedes tomar o dejar lo que dice, y a él no le importa. En cierto modo, es como cuando Dios te lleva a la verdad, y dice: "Aquí está; haz con ella lo que te parezca".

Me tomó varias horas, pero finalmente puse mi problema delante del Señor y le pregunté: "¿Realmente es esta la causa de las dificultades que estoy teniendo?" Cuando mi corazón fue expuesto a la verdad, Dios me mostró Santiago 3:1, que dice que los llamados a ser maestros de la Palabra serán juzgados con mayor severidad que los demás. Ese capítulo trata sobre el hecho de que los maestros serán juzgados por los pecados de la lengua. Como maestra, de mi boca no puede salir una mezcla de bendición y maldición (ver v. 10). No puedo predicar el Evangelio y pretender que la unción esté sobre el mensaje si chismeo acerca de alguien entre un servicio y otro. Si juzgo el estilo de otro predicador, estoy juzgando la unción de Dios que está sobre él, y eso siempre afectará mi propia predicación.

Dios me enseñó esta lección de manera tal que no pudiera olvidarla jamás. Si tratamos como propios los talentos que Dios nos dio, y criticamos a alguien que hace lo mismo que nosotros, nuestro ojo crítico, juzgador, se nos volverá en contra hasta que recordemos que, si algo hacemos bien, es sólo por la gracia de Dios. El juzgar a otros nos acarrea juicio y condenación, porque en ese juicio a la otra persona estamos diciendo: "Yo soy el experto en esto, en cambio tú tienes un problema". Dios quitó de mi desempeño lo que llamo la "comodidad piadosa" hasta que aprendí esta lección, y trabajó en mí hasta que finalmente ayuné y me rendí, sinceramente arrepentida.

Cuando comprendí lo que había hecho, lloré y clamé a

Dios, porque sabía que Él había obrado grandemente en mí. Dios me habló por medio de Dave, y también lo estuvo haciendo por medio de la íntima disconformidad que sentía, tema que abordaré unos capítulos más adelante. La cuestión que señalo aquí, es que necesitamos estar abiertos a los mensajes que Dios pueda enviar a través de personas que nos aman y que oran por nosotros. Dios quiere que tengamos corazones humildes y dispuestos a oírle cualquiera sea la manera en que Él decida hablarnos.

Dios nos habla por medio de nuestra propia boca

Proverbios 16:1 dice: "Del hombre son los propósitos del corazón, mas del Señor es la respuesta de la lengua (LBLA). Muchas veces, Dios me habla por mi propia boca. Aprendí esto cuando estuve en una situación en la cual no sabía qué hacer. Mis propios pensamientos me dejaban confundida. Dios nos dio la capacidad de razonar para resolver las cosas, pero meditar en algo puede resultarnos agobiante si no caminamos en pos de su sabiduría. No lograba llegar a ninguna parte con mi conflicto, hasta que salí a caminar con una amiga.

Enfrentaba una decisión importante, para la cual necesitaba una respuesta de parte de Dios, pero parecía no poder encontrar su guía. Mi amiga y yo discutimos cierto asunto durante casi una hora mientras caminábamos, disfrutando del aire fresco y de la mutua compañía. Ahí fue cuando aprendí que, a veces, la sabiduría sale de nuestra propia boca a medida que dialogamos con alguien acerca de un tema. Mientras lo conversábamos, íbamos considerando diferentes soluciones viables y sus posibles resultados. Analizamos cuán bueno sería manejar la cuestión de una forma y cuán malo si lo hacíamos de otra. De repente, una respuesta en particular surgió en mi corazón.

Lo que decidí que debía hacer no era algo que naturalmente

69

deseara. Una actitud obstinada es un gran enemigo de la paz. Mi lucha se debía en parte a que yo quería convencer a Dios de que mi situación debía resolverse de un modo distinto a como Él me indicaba hacerlo. Me costaba escuchar su voz porque mi mente estaba predispuesta contra su plan.

Debemos estar dispuestos a dejar de lado nuestros propios deseos o podemos perdernos una palabra que claramente viene de Dios. Por naturaleza, tendemos a manipular las cosas para que resulten como queremos. Algunos juguetes de nuestra infancia nos enseñaron que las piezas cuadradas no encajan en los agujeros redondos, y debemos tener presente que nuestros planes no siempre se ajustan a los caminos de Dios —no importa cuánto nos desesperemos por lograr que ensamblen perfectamente.

> **Debemos estar dispuestos a dejar de lado nuestros propios deseos.**

Mientras mi amiga y yo razonábamos juntas, de mi boca salió una respuesta sabia, que supe que procedía de Dios. No surgió de mi mente, sino de mi ser interior. Dios promete que si lo buscamos, Él llenará nuestra boca (ver Sal 81:10). Jesús promete darnos palabras y sabiduría que ninguno de nuestros adversarios podrá resistir o contradecir (ver Lc 21:15).

He aprendido a no descartar nada, porque Dios puede, y lo hace, hablarnos en una variedad de maneras –y no todas son lo que consideraríamos particularmente espirituales. He oído a Dios hablarme por medio de niños y de adultos que no tenían idea de que lo que estaban diciendo era una palabra directa del Señor para mí.

Dios habla por medio de la corrección

Cuando necesitamos ser corregidos –y hay momentos en que

todos lo necesitamos–, creo que el mayor deseo de Dios es hacerlo Él mismo. El Señor, al que ama, castiga (ver Heb 12:6). La corrección o el castigo de Dios no es algo malo; en definitiva, siempre redunda para nuestro bien. Pero eso no significa que nos sintamos bien o que lo disfrutemos inmediatamente:

> "Al presente ninguna disciplina parece ser causa
> de gozo, sino de tristeza; sin embargo, a los que
> han sido ejercitados por medio de ella, les da des-
> pués fruto apacible de justicia" (Heb 12:11, LBLA).

En el ejemplo del predicador a quien había juzgado, Dios usó a Dave para traerme una palabra de corrección así como una palabra de revelación. Esta última era necesaria para averiguar por qué me sentía tan afligida, pero, para ser franca, no esperaba recibir corrección por mi conducta.

La corrección es probablemente una de las cosas que más nos cuesta recibir, especialmente cuando viene a través de otra persona. Aunque tengamos problemas, no queremos que otros se enteren de que los tenemos. Creo que Dios prefiere corregirnos en privado, pero si no aceptamos su corrección, o si no sabemos cómo permitirle que lo haga privadamente, Él nos corregirá de forma pública, usando cualquier recurso que sea necesario. En el caso de Balaam, usó a su burra.

Recientemente estuvimos ministrando en el extranjero, y la comida nos resultaba desagradable, porque no estamos acostumbrados a ese tipo de alimentos o a los condimentos utilizados para su preparación. Me encontraba en un restaurante tratando de explicarle al camarero lo que quería comer. Él no hablaba muy bien inglés, y yo no sabía ni una palabra en su idioma. Varias personas se acercaron, tratando de ayudarme; al final resultó que cuatro personas distintas ordenaron comida para mí.

Me sentía frustrada, y eso se hizo notorio en mi actitud y

en mi tono de voz. Me estaba comportando de manera impropia frente a gente a la que yo sabía que había venido a ministrar y, por supuesto, mi ejemplo era importante para ellos. Sabía que mi comportamiento no había sido bueno, pero el Señor quería asegurarse de que "realmente lo supiera", así que cuando volvimos a nuestra habitación, Dave me dijo: "Realmente debes tener cuidado de cómo le hablas a la gente en situaciones como la del almuerzo; no diste muy buen ejemplo".

Aunque reconocía que él tenía razón, y sabía que Dios lo estaba usando para martillar el clavo hasta el fondo, y para asegurarse de que realmente había comprendido su importancia, sentí el impulso de contestarle: "Bueno, te he visto a ti hacer lo mismo". De haberlo hecho, no habría recibido la palabra, y Dios hubiera buscado otra forma de llegar hasta mí —posiblemente una todavía más incómoda o dolorosa.

A menudo, nuestra primera reacción es buscarle defectos a la persona que nos corrige. Satanás nos tienta a hacerlo para desviarnos del tema. Ser corregidos por medio de personas con autoridad, tales como el gobierno, empleadores, padres y maestros, es algo que cada uno de nosotros encontrará a lo largo de toda su vida. Quizás no siempre nos guste el medio que Dios decida utilizar, pero es sabio aceptar la corrección para no seguir "dando vueltas alrededor del monte" (ver Dt 2:3).

Muchos creen que oír a Dios será siempre sumamente espiritual, pero estos ejemplos nos muestran que Dios usa tanto cosas naturales como espirituales para revelarse a nosotros. Comienza a escuchar y a estar atento a que Dios hable o se muestre grandemente en todo lugar (ver 2 Cr 16:9). ¡Nunca sabes cuándo —o cómo —Él se va a manifestar!

Preguntas para reflexionar

1. ¿Cómo testifica la naturaleza la realidad de Dios? Da algunos ejemplos personales.

2. ¿Qué partes de la creación disfrutas más? ¿Qué partes de la creación te hablan más de la existencia y maravilla de Dios?

3. ¿Sabes cuál es tu llamado en la vida? Si no, ¿qué cosas te gusta hacer? ¿Cuáles son tus capacidades y deseos naturales? ¿Te da satisfacción realizar esas actividades? ¿Podría ser esa tu vocación, tu llamado?

4. Si sabes cuál es el llamado para tu vida, ¿ha sido confirmado? ¿Cómo?

5. ¿Buscas la opinión del hombre por encima de la de Dios? ¿De qué manera vas a disciplinarte para buscar a Dios ante todo?

6. ¿Alguna vez experimentaste una situación en la que sentiste que Dios te habló, y que luego se confirmó por otra persona? Si es así, descríbela. ¿En qué te ayudó esto?

7. ¿Qué te está guiando a hacer Dios en respuesta al mensaje de este capítulo?

5

Dios habla por medio de la paz interior

=

Cuando Dios habla, da un profundo sentido de paz interior para confirmar que el mensaje proviene realmente de Él. Aun cuando habla para disciplinarnos, la compañera de la verdad deja un tranquilizador sentido de bienestar en nuestra alma. Jesús dijo: "La paz os dejo, mi paz os doy; yo no os la doy como el mundo la da. No se turbe vuestro corazón, ni tenga miedo" (Jn 14:27).

Cuando el engañador nos habla, no puede dar paz. Y tampoco podemos obtenerla cuando tratamos de resolver las cosas usando nuestro propio razonamiento, porque "la mente puesta en la carne es muerte, pero la mente puesta en el Espíritu es vida y paz" (Ro 8:6 LBLA).

Deposita tu decisión en el platillo de la balanza donde haya paz; no actúes si ésta no equilibra la pesa de las indicaciones que has escuchado. No debes explicarles a otros por qué no sientes paz al respecto; a veces, ni siquiera tú mismo lo sabrás. Simplemente les puedes decir: "No es sabio para mí hacer esto, porque no siento paz al respecto".

Aunque creas que Dios te habló, deberías esperar hasta

que la paz llene tu alma para hacer lo que Él te mandó que hagas. De esta manera tendrás la certeza de cuándo es el tiempo oportuno, esto más la paz es una verdadera confirmación de que estás escuchando a Dios. Si esperas sentir paz, podrás obedecer con fe. Por eso, busca la paz; hay poder en tenerla. Una vez que Dios te indicó algo, debes hacer lo posible para mantenerla y no dar lugar al temor.

Mi vida gira en torno a la búsqueda de paz. Si voy de compras, no adquiero nada si no siento paz al respecto. Si estoy conversando con alguien y comienzo a perder la paz, me quedo callada, porque aprendí la importancia de conservar la paz para mantener el poder.

Jamás deberíamos actuar sin paz; porque podríamos decir que es la "confirmación interna" de que la acción que realizamos es aprobada por Dios: "Y que la paz de Cristo reine en vuestros corazones, a la cual en verdad fuisteis llamados en un *solo* cuerpo; y sed agradecidos" (Col 3:15, LBLA).

Dios nos guía por medio de la paz; la Biblia dice que es como un árbitro que decide qué es "seguro" y qué queda "desechado". ¿No hay paz? Entonces, ¡afuera! Debemos *permitir* que la armonía interior de nuestra mente y nuestra alma gobierne y actúe como árbitro permanente en nuestro corazón, decidiendo y resolviendo de manera definitiva toda cuestión que surja en nuestra mente. Hemos sido llamados a vivir en estado de paz, como miembros de un solo cuerpo en Cristo.

Debemos aprender a obedecer nuestro propio sentido de lo bueno y lo malo y resistirnos a hacer cosas que incomoden a nuestra conciencia. Dios da o quita la paz de nuestro interior para hacernos saber si estamos en el camino correcto.

No deberíamos buscar formas poco realistas de comunicación con Dios. La mayoría de los cristianos nunca tienen un encuentro cara a cara con Jesús, tal como lo tuvo Pablo en el camino hacia Damasco. Ni siquiera él experimentó siempre que los cielos se abrieran, aparecieran ángeles o sonaran trompetas cada vez que Dios le hablaba. Pero podemos ser guiados por el Espíritu mediante la paz interior todos los días de nuestra vida.

Ten cuidado con la falsa paz. Cuando sentimos un intenso deseo de hacer algo, puede producirnos un falso sentido de paz que, de hecho, proviene sólo de nuestro entusiasmo. A medida que el tiempo pasa, esa falsa paz se desvanece y emerge la verdadera voluntad de Dios para nuestra vida.

Por esta razón, nunca deberíamos actuar precipitadamente al tomar decisiones importantes; siempre es sabio y prudente esperar un poco de tiempo. La Biblia nos manda no apresurarnos a hablar o a hacer promesas (ver Ec 5:2-5). El que sigue es un ejemplo que puede ayudarte a entender mejor este punto.

Cierta persona, a quien Dave y yo queríamos mucho, tenía cierta necesidad, y nosotros deseábamos suplirla. Esto hubiera alegrado mucho a la persona necesitada; y proveérselo era algo que había anhelado durante mucho tiempo. Yo me entusiasmé con la idea de ayudarle y

> No deberíamos buscar formas poco realistas de comunicación con Dios.

lo hablé con Dave, quien estuvo de acuerdo en hacerlo. Así que pusimos en marcha nuestro plan pero, cuanto más avanzábamos, menos paz tenía. Esto creó un gran problema porque sentía que habíamos hecho un compromiso —habíamos dado nuestra palabra—, y no quería acercarme a la persona y decirle que había cambiado de opinión. No me importaba decirle que habíamos cometido un error, lo que no quería era decepcionar a esta persona, que por cierto ya estaba muy entusiasmada.

Pasaron un par de semanas, y yo continuaba orando: "Dios, si lo que estamos haciendo no está bien, por favor haz que todo esto fracase. Haz que suceda algo para que podamos saber con certeza lo que debemos hacer".

Cada vez me sentía más y más preocupada; finalmente,

me acerqué a la persona y le dije: "Algo no anda bien con nuestro plan, no siento ninguna paz al respecto". Para mi gran alivio, la persona se sentía de la misma manera. Ambos habíamos perdido la paz, y ninguno quería decírselo al otro.

Siento sumo respeto por el principio de "seguir la paz", porque evitó que me metiera en problemas en muchas oportunidades. Si hubiera esperado un tiempo después de tener la "brillante idea" de ayudar a esa persona, estoy segura de que habría notado la falta de paz; pero en mi celo y entusiasmo por ser de bendición, interpreté lo que creía que era paz, cuando en realidad no lo era. La falsa paz puede ser peligrosa, así que sé sabio en estas áreas. No tomes decisiones serias sin hacer primero un "examen interior" para ver si la paz permanece en ti.

Dios habla por medio de la persuasión persistente

El apóstol Pablo decía que su conciencia era instruida y persuadida por el Espíritu Santo que daba testimonio de él (ver Ro 9:1). Podemos saber si estamos haciendo las cosas correctamente, porque nuestra conciencia discernirá el testimonio de la verdad. Mi conciencia se torna más sensible a medida que crezco en el Señor y Él me asigna más responsabilidad.

Si arrojo un pedazo de papel en la calle y sigo caminando, mi conciencia me acusa, así que aprendí a volver rápidamente para recoger lo que hubiera tirado. Puede parecer excesivo, pero Dios está íntimamente entrelazado con mi conciencia. Para Él es importante que seamos fieles en las cosas pequeñas.

Según el Cantar de los Cantares 2:15, son las "pequeñas zorras" las que arruinan las viñas. Cuando estamos dispuestos a ser fieles y obedientes en cosas pequeñas, Dios puede confiar que también lo seremos en las mayores (ver Mt 25:14-23). Asimismo creo que ser fieles en las pequeñas cosas que Dios demanda, nos da fe para las mayores, porque nuestra conciencia está totalmente limpia. Obedecer a nuestra conciencia traerá el poder de Dios a nuestra vida.

Si no nos sentimos bien respecto de algo como arrojar desperdicios en la calle, no deberíamos continuar haciéndolo. De nada sirve la excusa de que todo el mundo hace algo, cuando estamos convencidos de que no debemos hacerlo. En el pueblo de Dios hay muchos que carecen de poder, porque continuamente realizan cosas que sus conciencias les dicen que no hagan. Al desoír a nuestra conciencia, perdemos la paz. La Palabra nos enseña a ser fieles a nuestras convicciones; si hacemos algo respecto a lo cual nos sentimos intranquilos, estamos condenados porque no actuamos por fe (ver Ro 14:23).

A veces, Dios me insta a recoger la basura de otro. No es que escuche la voz audible del Espíritu Santo, pero siento en mi interior un suave empujoncito que me obliga a dejar el lugar mejor que como lo encontré. El Señor usa mi obediencia para enseñarme más sobre su carácter, y me dice: "Cuando dejas algo sucio o desordenado, ¿te gustaría que otro fuera detrás de ti para limpiar lo que ensuciaste? Todo lo que haces en la vida es sembrar semillas que volverán a ti. Segarás *aquello* que siembres. Si dejas desorden para que otro lo acomode, algún día te tocará a ti ordenar el desorden de otro".

Muy a menudo, Dave y yo nos sentimos guiados por el Señor a hacer algo por alguien que ha evidenciado tener una necesidad válida y un corazón recto delante de Dios. Conocíamos a un hombre que necesitaba una bendición en sus finanzas. Él había trabajado duro, y habíamos notado su fidelidad durante un largo tiempo. Sin embargo, Dios no nos había guiado a colaborar con él de ninguna manera en particular.

De pronto, un día me sentí impelida a hacer algo por él. Dejé el asunto en reposo y no hice nada al respecto; pero unos días más tarde, sentí un impulso interior de darle una ofrenda de dinero y, con el pasar de los días, se iba haciendo cada vez más fuerte, hasta que finalmente se lo comenté a Dave. Ambos estuvimos de acuerdo en que el Señor nos estaba guiando a hacer algo extra para ayudar a este hombre a pagar su deuda, y así podría crecer en Dios.

Si Dios nos está guiando por medio de un impulso interno, ese suave empujoncito será cada vez más fuerte hasta que lo obedezcamos. El fruto de nuestra obediencia demostrará que lo que sentíamos provenía de Dios. Si esperamos demasiado para actuar, tal vez Dios tenga que recurrir a otro para que su voluntad se cumpla. Por lo tanto, aun para esperar necesitamos tener moderación. No actúes tan rápido que no te asegures de tener paz, pero tampoco tardes tanto que Dios deba elegir a otro a quien usar.

Dios habla por medio de los deseos de nuestro corazón

Dios nos habla por medio de los deseos *santificados* de nuestro corazón. No estoy diciendo que todas las cosas de nuestra "lista de deseos" provienen de Dios, pero cuando anhelamos en nuestro corazón que las obras del Espíritu se operen en nuestra vida, sabemos que Dios nos está guiando a través del plan que tiene para nosotros. El Salmo 37:4 dice: "Pon tu delicia en el Señor, y Él te dará las peticiones de tu corazón" (LBLA). Esto actúa por dos vías: sí, Él nos da lo que anhelamos, pero también pone en nuestro corazón el anhelo de aquello que quiere que tengamos.

Necesitamos pedirle a Dios que nos dé deseos santificados, o santos. La Palabra dice que procuremos alcanzar el amor, pero que también deseemos ardientemente los dones espirituales (ver 1 Co 14:1). Debemos anhelar tener deseos santificados —¡no los carnales!

Los deseos de la carne son contrarios a los del Espíritu, y los del Espíritu son contrarios a los de la naturaleza humana sin Dios (ver Gl 5:17). Él pone en nosotros un anhelo por algo que traerá su justicia, paz y gozo a las circunstancias de nuestra vida (ver Ro 14:17).

Cuando Dios nos guía a hacer algo, existe en nosotros un celo creciente de verlo realizado, y pensar en hacerlo nos motiva. Con los deseos de la carne es totalmente distinto, porque desear los placeres egoístas nos produce tormento. En cambio, la motivación interior por los deseos de Dios nos hace estremecer de entusiasmo.

También sentiremos una profunda paz si el deseo que experimentamos es de Dios, y no meramente algo carnal. Sé que a veces Dios nos guía por el deseo, y con todo, dudaba de incluir esta sección en el libro, porque no quiero que la gente saque la conclusión de que debería tener todo lo que desee.

Existen los deseos del Espíritu, y los de la carne —deseos correctos e incorrectos. Podemos desear algo que no tenga nada de malo en sí mismo, pero que no sea conveniente para nosotros.

> Vemos que aun para esperar, necesitamos tener moderación.

En varias oportunidades le pregunté a Dios qué quería que hiciera respecto de alguna cosa en particular, y me respondió: "Haz lo que quieras hacer". La primera vez que le oí decir eso, casi comienzo a reprender ese pensamiento, creyendo que era de Satanás. Tenía gran temor de creer que Dios me pudiera dar esa clase de libertad, pero ahora sé que Él nos concede libertad creciente a medida que crecemos espiritualmente, avanzando hacia el estado de madurez.

Sólo tuve que pensar en mis propios hijos. Cuando eran jóvenes e inexpertos, yo decidía las cosas por ellos. A medida que crecían y maduraban, los fui dejando hacer lo que quisieran. Habían estado cerca de Dave y de mí por un largo tiempo y empezaban a conocer nuestro corazón. Ahora nuestros cuatro hijos son mayores de edad, y gran parte del tiempo hacen lo que quieren hacer. Muy raramente nos ofenden, porque conocen nuestro corazón y actúan conforme a esto.

Después de caminar con Dios por algunos años, llegamos a conocer su corazón, su carácter y sus caminos. Si nos comprometemos a seguirlos, Él puede darnos mayor libertad porque comenzamos a actuar como si fuéramos "uno con Él". Nuestro espíritu se llena de su Espíritu, y nuestros deseos se fusionan con los suyos. En Juan 10:30 Jesús dijo: "Yo y el Padre somos uno". En Juan 8:28 dijo: "No hago nada por mi cuenta, sino que hablo estas cosas como el Padre me enseñó" (LBLA).

En 1 Crónicas 17:2 vemos que el profeta Natán le dijo al Rey David que hiciera todo lo que estaba en su corazón, porque Dios estaba con él. En el momento en que el profeta dijo esto, David estaba haciendo preparativos para construir un tabernáculo para que Dios lo habitara. En el versículo 4, el profeta le dio una palabra directa de parte de Dios, diciéndole que *no* construyera el tabernáculo, porque Dios había asignado la tarea a otro.

Lo que siempre me interesó acerca de esta situación en particular es que, según parece, el método "normal" de operación entre David y Dios era que este hombre hacía lo que estaba en su corazón, y Dios estaba con él. En esta circunstancia, vemos que obviamente Dios tenía otros planes, así que interrumpió los preparativos de David para construirle una casa. Más tarde, le dijo a David que era bueno que hubiera tenido ese deseo en su corazón, pero que no era su voluntad que él lo construyera. Dios había elegido a su hijo Salomón para que lo hiciera.

Cuando estaba aprendiendo a oír a Dios y deseando con todo mi corazón que su Espíritu Santo me guiara, estos versículos realmente me ayudaron a darme cuenta de que podemos movernos con un cierto grado de libertad siguiendo nuestros deseos *santificados*, en tanto estemos dispuestos a ir en otra dirección si Dios nos muestra que tenemos que hacerlo. No está mal tener un plan y seguirlo…si estamos dispuestos a abandonarlo en caso de que Dios no lo apruebe.

En Juan 15:7, Jesús dijo: "Si permanecéis en mí, y mis palabras permanecen en vosotros, pedid todo lo que queráis, y os será hecho". ¿Cómo puede esto ser posible a menos que nuestros deseos realmente se fusionen con los de Dios a medida que maduramos en Él?

La meta de todo verdadero creyente es llegar a ser uno con Dios. Esto tiene lugar en lo espiritual cuando nacemos de nuevo, y luego, en nuestra mente, voluntad y emociones, a medida que crecemos y maduramos espiritualmente. En Efesios 4:15, el apóstol Pablo nos insta: "Crezcamos en todos *los aspectos* en aquel que es la cabeza" (LBLA). En tanto lo hacemos, nuestros deseos serán los suyos, y al seguirlos tendremos seguridad.

El llamado al ministerio que tenemos con Dave es un buen ejemplo de la forma en que Dios nos ha guiado por medio de los deseos de nuestro corazón. No hubiéramos podido viajar todos los fines de semana, quedarnos en hoteles y estar lejos de la

> La meta de todo verdadero creyente es llegar a ser uno con Dios.

familia si ese anhelo no hubiera sido dado por Dios. Él puso en nosotros un sentir tan fuerte, que nos motiva a hacer todo sacrificio que sea necesario y a vencer toda oposición que se levante contra nosotros, de modo que podamos cumplir su voluntad para nuestras vidas.

Algunas veces, simples deseos vienen a nuestro corazón desde Dios, porque Él quiere bendecirnos. Otras veces, pone en nosotros el anhelo de cosas que Él quiere darnos. Su Palabra dice: "Por tanto, os digo que todo lo que pidiereis orando, creed que lo recibiréis, y os vendrá" (Mr 11:24, RV 1960).

Hace varios años, Dios estuvo tratando con mi vida, mostrándome que mi actitud debía ser dulce y amable. Había atravesado un tiempo difícil y el Señor me dijo: "Ahora, sólo sé dulce de corazón, sólo sé dulce de corazón".

Más tarde, en una reunión, una señora se me acercó y me dio una pulsera sin cierre y me dijo: "Esta es mi pulsera favorita, pero creo que Dios me dijo que te la dé". Tenía una palabra escrita en lo que parecía un idioma extranjero. Entonces le pregunté: "¿Qué significa esta palabra?"

Ella me dijo: "Bueno, conseguí esta pulsera en Hawaii, y esa palabra significa "dulce de corazón" en hawaiiano". En ese momento supe que Dios quería darme esa pulsera como confirmación de que estaba tratando con mi actitud.

Usé la pulsera por varios años. Era algo pequeña para mí, y una vez que me la puse, me resultaba difícil, y hasta inconveniente, sacármela. Realmente Dios no permitió que dejara de usarla. A veces quería tener otras, pero no sentía paz para comprar una distinta, cuando sabía que Dios me había dado específicamente esta pulsera como recordatorio de su guía en mi vida.

Cuando la parte carnal de nosotros quiere algo, pero nuestra parte espiritual se opone, debemos esperar a tener paz. Cuando Dios nos mueve a hacer algo, existe un acuerdo entre los deseos carnales y los espirituales. Jamás deberíamos pasar por encima de nuestros deseos espirituales para conseguir algo que sólo nuestra carne demanda.

Pasados unos años, le comente casualmente a Dave: "Me gustaría tener otra pulsera".

Pero siempre me decía algo como: "No, me gusta esa, te queda muy bonita". O: "No necesitas otra; además, nunca podrías encontrar otra tan bonita como ésa".

Un día estaba de compras, y me dieron ganas de tener una pulsera nueva. No había estado pensando en eso y fue tan repentino que sentí que venía de Dios. Dije: "Bueno, Señor, si este deseo proviene de Ti, voy a ponerlo en oración". Los deseos espirituales nos motivarán a orar. Entonces le dije: "Dios, no quiero nada sino lo que Tú quieres para mí. No necesito una pulsera nueva para ser feliz, pero si quieres que tenga otras, te pido que me las des, en el nombre de Jesús". Luego seguí haciendo mis compras.

Llegué a casa después de esa salida, y un par de días después compartía un rato con mi íntima amiga Roxana. Ella me dijo: "Tengo un regalo para ti, es algo que sentí que Dios me dijo que te obsequiara".

Abrí el regalo y encontré una pulsera nueva.

Ella continuó: "Tal vez no tenga sentido para ti que te haya regalado una pulsera, porque sé lo que sientes por esa que siempre usas. Pero realmente creo que Dios me dijo que te comprara ésta. Así que la encargué hace algún tiempo y acaba de llegar".

Es interesante que Dios le haya hablado a Roxana, diciéndole que comprara esa pulsera, y en tanto llegaba, Él puso en mi corazón el deseo de recibirla. No nos gustaría recibir algo que no deseamos. En muchas ocasiones, Dios provocó en mi corazón el anhelo de recibir algo que Él quería darme.

La Biblia dice que Dios pone en nosotros tanto el querer como el hacer para *su* beneplácito (ver Flp 2:13, LBLA). Deberíamos pedirle a Dios que nos dé deseos santificados, santos; Él los pondrá en nosotros para guiarnos por donde quiere que vayamos. Si anhelamos leer la Palabra, luego Él nos está *invitando* a hacerlo. Si cuando estamos mirando televisión sentimos el anhelo de orar, es Dios quien nos está hablando de la *necesidad* de orar.

Como leemos en Juan 15, sabemos que si permanecemos en Cristo, si continuamos nuestra relación con el Señor y habitamos con Él durante cierto tiempo, su Palabra morará en nosotros. Entonces podemos pedir lo que deseemos, y Él prometió dárnoslo.

Permanecer en Él es estar con Él, vivir con Él, ser como Él, y nutrir los deseos que Él pone en nuestro corazón, porque esa es su voluntad para nosotros. También los pone para que oremos y pidamos las cosas que Él quiere que tengamos; sin la oración, Dios no tiene un canal a través del cual obrar.

Si sientes que Dios ha puesto ciertos deseos en tu corazón, entonces es importante que ores y pidas lo que anhelas. Si no estás seguro de que eso que esperas provenga de Él, dile: "Señor, creo que Tú pusiste este sentir en mi corazón, y por eso te lo pido. Pero puedo ser feliz sin eso, pues soy feliz contigo. Depende de Ti hacer lo que quieras".

Por sobre todas las cosas, recuerda que debemos ser guiados por la paz. No importa cuánto ansiemos algo, si en lo profundo de nuestro ser no sentimos paz a su respecto, entonces no será bueno para nosotros.

Dios habla con una voz familiar y confiable

En el Antiguo Testamento, cuando Dios comenzó a llamar a Samuel, Samuel pensó que era su amo, Elí, quien lo estaba llamando. Dos veces lo llamó Dios, y dos veces Samuel fue a Elí preguntándole qué necesitaba.

En ambas oportunidades Elí le dijo: "Yo no he llamando". Así que Samuel volvió a su habitación dos veces. Luego escuchó otra vez la voz. "Aquí estoy, Elí, ¿qué necesitas?", preguntó. Finalmente Elí dijo: "Debe ser Dios quien te llama" (ver 1 S 3:1-10).

Dios le habló a Samuel con una voz que le era familiar para que no se asustara. Él quiere que escuchemos, entonces nos habla con una voz que reconocemos; a veces, puede sonar como la nuestra; otras veces, puede parecerse a la de alguien conocido. Pero el hecho es que esa voz siempre nos trae paz cuando es Dios quien habla.

Las personas que escuchan las grabaciones de mis enseñanzas una y otra vez me comentan que, con frecuencia, cuando están a punto de tomar una decisión o de hacer algo de lo que no están seguros, me escuchan decir algo que les sirve de guía o de corrección. En realidad, lo que están escuchando es a Dios hablar por medio de su Palabra, pero han oído mi voz hablarles durante tanto tiempo, que parece que fuera yo cuando llega a ellos. Samuel estaba acostumbrado a oír a Elí; en consecuencia, cuando Dios lo llamó, le parecía la voz de Elí.

En una reunión, una mujer me dijo: "Yo estaba viviendo con mi marido una situación que se iba tornando complicada. Dios me habló, diciéndome lo que debía hacer y me hizo recordar algo que habías dicho en una de tus grabaciones. De pronto, en una de las cintas, escuché tu voz que decía justo lo que necesitaba recordar. Y Dios lo trajo a mi memoria como una 'palabra a tiempo'". Aunque lo que escuchó era mi voz que estaba grabada en su memoria, fue el Espíritu Santo quien trajo ese recuerdo cuando lo necesitó.

Cuando Dios nos habla, su voz no suena como un estruendo proveniente de los cielos. Con frecuencia, nos habla por medio de nuestra propia voz interior, y tal vez pensemos que nos estamos hablando a nosotros mismos, pero las palabras de Dios en nuestro espíritu siempre están llenas de una sabiduría que jamás podríamos tener por nuestros propios medios.

Algunos me han dicho: "Tú siempre estás diciendo: 'Dios dijo'. Suena como si estuvieras conversando con Dios todo el tiempo". Dios también esta intentando hablar con ellos todo el tiempo, y lo oirían si tan sólo le piden que les hable. Luego, sólo tienen que escuchar a su

> **Por sobre todas las cosas, recuerda que debemos ser guiados por la paz.**

hombre interior o conciencia, y esperar que Él hable.

Hay muchas diferentes maneras en que Dios nos habla. Pero muchos creen que no lo oyen, porque están buscando una manifestación sobrenatural que simplemente no ocurrirá. La mayor parte del tiempo, Dios nos habla con una voz apacible y suave, que suena bastante natural. Dios dice que somos sus ovejas y que Él es nuestro pastor, y que sus ovejas conocen su voz (ver Jn 10:1-5).

Él puede hablarnos por la naturaleza, como lo hizo conmigo unos días después de haber recibido el bautismo en el Espíritu Santo. Iba conduciendo mi automóvil y pasé por un campo lleno de malezas, en medio de las cuales había dos o tres manchones de bonitas flores. Allí Dios me dio un mensaje completo sobre cómo las flores pueden crecer en medio de la maleza, y cómo las cosas buenas están presentes en nuestra vida aun en medio de las luchas y las pruebas.

En todos los años que llevo escuchando la voz de Dios, sólo tuve una visión abierta y tal vez cuatro o cinco sueños proféticos. No estoy tomando livianamente el hecho de que Dios le habla a algunas personas a través de muchos sueños y visiones; pero la mayor parte del tiempo, Él se limita a llenar mis pensamientos con los suyos, confirmándolos a su vez con la Palabra escrita. Él me da paz y yo trato de seguir la sabiduría.

Necesitamos discernir cuidadosamente la voz del Señor, pero no debemos "sobreespiritualizar" el hecho de oír a Dios. No es tan difícil como algunos creen. Si Dios tiene algo que decir, sabe cómo hacer para comunicárnoslo. Pero es nuestra responsabilidad escuchar con expectativa y examinar lo que escuchemos junto con la paz interior.

Dios tiene algo para decirnos respecto de todo lo que nos ocurre cada día. Es una lástima que algunos se sientan tan solos, cuando Dios está esperándolos, deseoso de poder hablarles y de tener comunión con ellos en cualquier momento que estén dispuestos a escucharlo.

Preguntas para reflexionar

1. ¿Has experimentado que la paz acompaña las indicaciones que recibes de parte de Dios? Descríbelo.

2. ¿Usas la paz como una brújula para la confirmación interna, tanto de los detalles de la vida diaria como de las decisiones más trascendentales que te toca enfrentar? ¿Cómo? Y si no, ¿por qué?

3. ¿Hay algo que Dios te esté instando a hacer por medio de un impulso interior? ¿Qué es? ¿Has notado que ese impulso interno se hace más fuerte a medida que el tiempo pasa?

4. ¿Puso Dios alguna vez un deseo de algo en tu corazón? Si es así, ¿oraste al respecto? Luego, ¿lo recibiste? ¿En qué forma fue esto de edificación para ti?

5. ¿Cómo logras determinar si un deseo que tienes es del Espíritu o de tu carne? ¿Actúas al respecto antes de saber claramente de dónde procede?

6. ¿Cuáles son algunas de las formas en que tú, u otros que conozcas, han oído a Dios?

7. ¿Qué te está guiando a hacer Dios en respuesta al mensaje de este capítulo?

6

Dios habla por medio de la convicción

=

El Espíritu Santo habla a nuestra conciencia para redargüirnos, convencernos de pecado y convencernos de justicia (ver Jn 16:7-11). El Espíritu nos redarguye con el propósito de convencernos de que es necesario que nos arrepintamos, lo cual significa volvernos y empezar a andar por el camino correcto, en vez de continuar en la dirección equivocada en la cual íbamos.

Ser convencida de pecado es algo totalmente distinto a ser condenada de pecado. Me llevó mucho tiempo aprender esto, así que, erróneamente, me sentía condenada cada vez que el Espíritu Santo me hacía notar que había en mi vida ciertas cosas que no eran la voluntad de Dios. La convicción se propone liberarnos de algo, para que podamos avanzar en el plan y la voluntad de Dios para nuestra vida. En cambio, la condenación nos empuja hacia abajo, cargándonos con el peso de la culpa.

Es saludable y normal que nos sintamos culpables en el momento en que nos convencemos de pecado, pero mantener ese sentimiento después de que nos hemos arrepentido no lo es, y tampoco es la voluntad de Dios. La convicción que viene de parte del Señor no nos agobia con acusaciones que nos avergüencen. La vergüenza nos llena de un terrible sentimiento de afrenta y de un angustiante remordimiento, muchas veces por algo que no pudimos evitar. Frecuentemente, las víctimas de abuso sienten vergüenza aun sin haber hecho nada para provocar la crueldad que les infligieron. La vergüenza es una desviación que el diablo usa para reprimirnos y condenarnos:

> "Porque no envió Dios a su Hijo al mundo para condenar al mundo, sino para que el mundo sea salvo por él. El que en él cree, no es condenado; pero el que no cree, ya ha sido condenado, porque no ha creído en el nombre del unigénito Hijo de Dios" (Jn 3:17-18).

A la mujer sorprendida en el acto de adulterio se le concedió la oportunidad de descansar en la seguridad del nombre de Cristo. Según la ley, ella era culpable de quebrantar un mandamiento de Dios, y los fariseos querían apedrearla. Pero Jesús le demostró a la multitud que Él no había venido al mundo para enviar a los pecadores a la muerte, sino a librarlos de su pecado para que pudieran vivir una vida abundante. Jesús le mostró a esa muchedumbre que todos ellos también eran culpables de quebrantar la ley de una forma u otra, e invitó a los acusadores a que procedieran a apedrearla, con la única condición de que ellos no fueran culpables de haber violado la ley. La Palabra dice:

> "Pero al oír ellos esto, se fueron retirando uno a uno comenzando por los de mayor edad, y dejaron solo a Jesús y a la mujer que estaba en medio. Enderezándose Jesús, le dijo: Mujer, ¿dónde están ellos? ¿Ninguno te ha condenado? Y ella respondió: Ninguno, Señor. Entonces Jesús le dijo: Yo tam-

poco te condeno. Vete; desde ahora no peques más"
(Jn 8:9-11, LBLA).

> La convicción nos conduce hacia una nueva vida libre de pecado.

Jesús mostró que la condenación sólo conduce a muerte; en cambio, la convicción nos lleva a una nueva vida libre de pecado. Los acusadores fueron convencidos de sus propios pecados en sus conciencias, hasta que uno a uno aprendieron a no juzgar a la mujer sorprendida quebrantando la ley.

Puesto que Dios no nos condena, podemos orar sin temor:

Señor:

Muéstrame mi pecado. Convénceme de aquello que esté haciendo que quebranta tu ley de amar a los demás. Hazme ver cuando trato duramente a otros. Mantén sensible mi conciencia para oír tu voz, y dame poder para ser libre del pecado. Amén.

La conciencia nos fue dada por Dios para que no nos metamos en problemas. El Espíritu Santo obra en ella, iluminándola para discernir cuáles de las cosas que hacemos pueden llevarnos a la muerte, y qué debemos hacer para disfrutar la vida abundante. Si persistimos en ignorar a nuestra conciencia, dejará de ser sensible a la convicción de Dios cuando seamos culpables de pecado. En cambio, si la ablandamos para que nuestro corazón sea sensible a su corrección, el Espíritu Santo juzgará amorosamente nuestras acciones y nos convencerá de las que son indebidas. Nos nos dará un suave empujoncito cuando digamos a los demás palabras ásperas, palabras que no lo expresan a Él. Dios quiere obrar en cada una de nuestras vidas hasta que seamos motivados por un corazón sensible, que refleje su presencia.

Las personas se endurecen cuando ignoran su capacidad natural de distinguir lo bueno y lo malo. Incluso hay personas salvas que tienen corazón duro. Cuanto más endurecidos estén, tanto más difícil les resultará estar dispuestos a obedecer prontamente a Dios. Han reprimido tantas veces sus sentimientos, que están insensibilizados cuando su conciencia trata de convencerlos respecto de algo.

Cuando alguien nos hiere, justificamos nuestros propios malos pensamientos hacia esa persona y, como defensa para que nadie vuelva a lastimarnos, tratamos duramente a otros. La gente herida hiere a otros, y los trata con aspereza. Pero todas las acciones desacertadas son pecado a los ojos de Dios. Es necesario quebrar el ciclo de dolor, y eso es lo que Jesús vino a hacer por nosotros.

Durante un largo tiempo yo fui una mujer endurecida, aunque nacida de nuevo y bautizada en el Espíritu Santo. Amaba a Dios, pero mi corazón estaba duro a causa del abuso que había sufrido. Eso, a su vez, había hecho adormecer mi conciencia. Debí dar lugar a que el Espíritu Santo trabajara *conmigo* y *en* mí, para quebrar esa dureza y *desprenderla* de mi ser. Y para eso tuve que pedir a Dios que renovara un espíritu recto *dentro* de mí (ver Sal 51:10).

La conciencia es una función de nuestro espíritu que opera como un monitor interno de nuestra conducta: nos hace saber cuando algo está bien y cuando algo está mal. Por consiguiente, el conocimiento de las normas y las pautas que Dios estableció para nosotros en su Palabra ejerce una influencia considerable sobre ella.

Crecer en el conocimiento de lo que Dios ha dicho a su pueblo despierta nuestra conciencia de su estado comatoso. Las personas que no son salvas pueden darse cuenta cuando están haciendo algo malo, pero no experimentan convicción como quienes hemos nacido de nuevo, estamos llenos del Espíritu Santo y tenemos comunión diaria con Dios.

Cuanto más tiempo pasamos en la presencia de Dios, tanto más sensibles nos volvemos a las acciones que no reflejan el corazón divino. Cuando nos comportamos de una forma que no agrada a Dios, rápidamente sentimos que nos hemos desviado de la manera en que Jesús hubiera actuado en esa situación.

Podemos vivir vidas maravillosas si llenamos nuestras mentes con la Palabra de Dios y simplemente obedecemos a nuestra conciencia. Dios dijo respecto a la casa de Israel:

> "Yo les daré un solo corazón y pondré un espíritu nuevo dentro de ellos. Y quitaré de su carne el corazón de piedra y les daré un corazón de carne, para que anden en mis estatutos, guarden mis ordenanzas y las cumplan. Entonces serán mi pueblo y yo seré su Dios" (Ez 11:19-20, LBLA).

La primera vez que leí esta promesa me emocioné tanto. Este pasaje dice que Dios nos dará el poder para tener una conciencia tierna, capaz de ser sensible a Él. Cuando Dios nos habla por medio de la convicción, deberíamos sentir un fuerte deseo de hacer lo que es correcto.

La condenación del diablo infunde a la gente desesperanza y sensación de inutilidad. Es importante que los cristianos discernamos la diferencia entre convicción y condenación: muchos las confunden, y creen que están siendo condenados, cuando en realidad están siendo convencidos.

A causa del abuso que sufrí, tenía un sentimiento de condenación que trasladé a mi vida espiritual y a mi relación con Dios. Sentía que debía haber algo malo en mí, para que me hubieran pasado esas cosas malas. Cuando empecé a aprender lo que la Palabra decía que debía hacer, me parecía que todo mensaje me condenaba, y me hacía avergonzar aún más de mí misma.

Amaba a Dios, pero asistir a conferencias bíblicas me hacía sentir desdichada, y volvía a casa peor de lo que había salido. Oír la Palabra debe darnos convicción, no condenación. No estoy diciendo que la Palabra de Dios siempre deba hacernos sentir bien. Debería estimularnos a avanzar hacia un nivel más alto; pero también debería proveernos la motivación que nos dé poder para emprender la escalada.

Cuando Dios obra en la vida de las personas, condena el pecado, pero jamás al pecador. Su Palabra demuestra amor por el individuo, afianzándolo y alentándolo a abandonar ese pecado y seguir adelante. Dios condena el pecado, pero da misericordia al pecador, por lo cual no debemos temer que nos muestre en qué estamos mal.

El Espíritu Santo vive en nosotros, y no podría estar más cerca de nosotros de lo que está. Él no viene simplemente para ocupar un espacio, o porque no tenga otro lugar a donde ir. Viene porque tiene un trabajo que hacer, que es enseñarnos, consolarnos y guiarnos al plan de Dios para nuestras vidas.

> El Espíritu Santo vive en nosotros porque tiene un trabajo que hacer.

El Espíritu Santo sabe exactamente lo que necesitamos y es un experto en renovar nuestra conciencia para que esté en sintonía con el corazón de Dios. Él es como el mecánico que reparó rápidamente una máquina que nadie sabía cómo arreglar, y envió a los dueños una factura por diez mil dólares.

"¿Diez mil dólares?", protestaron los dueños. "¡Si usted no hizo más que unos ajustes aquí y allá!"

El mecánico respondió: "Un dólar es por el tiempo que me tomó el trabajo. El resto es por saber dónde ajustar".

Jesús ya pagó el precio de nuestra reparación, y el Espíritu Santo sabe exactamente dónde ajustar, qué necesita ser reparado y cuándo. Dios no nos plantea todo de una vez, pero no vale la pena aducir que no estamos listos para cambiar: Él sólo vendrá a darnos convicción para que cambiemos cuando sepa que estamos preparados. Si no fuera el momento adecuado para ese trato, Dios no intentaría inducirnos a que lo hagamos.

La convicción nos induce
a pedirle ayuda a Dios

Cuando Dios te revela que en tu vida hay un problema que debe ser tratado, puedes confiar en que también ha puesto la unción necesaria para quebrar el yugo que te ataba. Pero si postergas la decisión de hacer frente a esa conducta hasta que te den ganas de hacerlo, podrías tener que realizar ese cambio sin la unción.

Cuando Dios convence, también unge, así que ése es el mejor momento para rendirnos, permitiéndole que nos ayude a cambiar. A veces queremos hacer las cosas a nuestro propio tiempo, y luchamos y luchamos por no contar con la ayuda de Dios.

Yo aprendí a atender cada asunto en el momento en que Dios quiere tratarlo. Igualmente en las reuniones que dirijo, donde suelo seguir un plan y un programa. A veces percibía que Dios quería que interrumpiera el servicio y orara por alguien; pero si eso no encajaba en mi programa, lo posponía. Más tarde, cuando trataba de hacer lo que pensaba que Dios había querido que hiciera, fracasaba por completo. Había perdido el fluir con Dios y su sentido de la oportunidad para actuar. Por eso, tenemos que hacer lo que Dios dice cuando Él dice que lo hagamos.

Durante una reunión me tomé un descanso y fui al tocador de damas, donde una mujer me dijo: "Bueno, desearía que hiciera un llamado al altar para las personas que fuman: estoy teniendo terribles problemas con este vicio".

Ni bien acabó de hablar, el Espíritu Santo me lleno de fe respecto a ella, e imponiéndole las manos, dije: "Sé sana en el nombre de Jesús". Probablemente pensó que yo estaba un poco chiflada, pero he aprendido a actuar cuando siento que la fe se mueve en mí. Cuando desciende la unción para liberar a las personas, el momento es *ahora*; no podemos hacerlo a un lado para retomarlo más tarde. Supe que tenía que orar en ese mismo instante.

A menudo oro por gente que desea liberarse del cigarrillo. No condeno a los que fuman, pero muchos están arruinados por su atadura a la adicción y necesitan un milagro de parte de Dios para poder ser libres. Algunos tal vez crean que fumar no es peor que chismear, juzgar, comer en exceso o alguna otra cosa por el estilo, pero es algo que daña nuestros cuerpos, y además resulta caro.

Yo comencé a fumar cuando tenía nueve años y lo hice durante bastante tiempo. Cuando finalmente Dios me libró de ese hábito, sentí profunda gratitud. La convicción de Dios me libró de muchos hábitos, incluyendo el de tener una mala actitud, el de hablar palabras negativas, el de comer en exceso y el de fumar.

Cuando recibimos convicción, es Dios quien nos está hablando porque quiere ayudarnos en alguna área. No nos está condenando, sino intenta decirnos que Él quiere que tengamos una vida larga y saludable. Cuando el Espíritu Santo habla a tu conciencia sobre cambios que necesitas, ora en ese mismo momento, pidiéndole a Dios que te haga libre y que produzca esos cambios por medio de tu fe en Jesús. Puedes orar para ser libre de adicciones y conductas que no agradan a Dios siguiendo este modelo de oración:

> *Padre:*
>
> *En el nombre de Jesús, desato mi fe para recibir tu liberación ahora mismo, y tomo autoridad sobre el hábito de _____ (nombra cualquier atadura que tengas, por ej. el cigarrillo, el alcohol, las drogas, etc.). Ordeno que esto sea desarraigado de mí, y pido que me fortalezcas para abandonar esta conducta y no pecar más.*
>
> *Te ruego que hagas por mí una de estas dos cosas: o que me hagas libre en este preciso momento, para que jamás vuelva a recaer, o que me des las fuerzas para decirle que no al hábito hasta que ya no me encuentre atado a él. Pido esto en el nombre de Jesús. Amén.*

La unción se hace presente cuando invocamos el nombre de Jesús, y creo que puedes ser milagrosamente liberado de adicciones terribles mientras lees este libro. Cuando sientes que Dios te está convenciendo de pecado, muévete siempre por fe, porque es una brújula confiable que nos guía hacia la verdadera vida piadosa.

El Espíritu Santo jamás nos condena

Como mencioné antes, Jesús dijo: "Os conviene que me vaya; porque si no me voy, el Consolador no vendrá a vosotros; pero si me voy, os lo enviaré" (ver Jn 16:7, LBLA). Es realmente maravilloso poder tener comunión íntima con el Espíritu Santo; es realmente maravillosos tener en nuestra vida a Alguien que nos haga ver cuando estamos yendo por el camino equivocado.

Mi boca me metió en problemas durante años. Malogré varias relaciones y pasé vergüenza por las cosas que decía.

Ahora siento que el Espíritu Santo me convence de mi falta, y la mayor parte del tiempo decido tomar otro rumbo antes de meterme en problemas. Dios ya no tiene que predicarme una serie de cuatro sermones para convencerme de que le obedezca; simplemente hace sonar una alarma en mi corazón espiritual, y me mueve a actuar de la manera en que Jesús lo haría. Cuando nuestra conciencia es sensible a esa voz de convicción, Dios puede mantenernos *fuera* de los problemas, en vez de tener que estar sacándonos *de* ellos todo el tiempo.

Jesús se refería al Espíritu Santo cuando dijo: "Y cuando Él venga, convencerá al mundo de pecado, de justicia y de juicio" (Jn 16:8). En ningún momento dijo que el Espíritu Santo traería condenación, sino que dijo "que convencerá… de pecado y de justicia". El Espíritu Santo revela los resultados del pecado y los resultados de la justicia, para que la gente pueda ver delante de sí la vida y la muerte, e invocar a Dios para que los ayude a elegir la vida.

La gente que vive en pecado lleva una existencia miserable e infeliz. He encontrado personas de mi edad, a quienes había conocido años antes y que no habían estado viviendo para Dios. Ese estilo de vida turbulento y desenfrenado que eligieron se cobró su precio; las elecciones amargas, tristes y desdichadas que hicieron son visibles ahora, porque el pecado los hace ver envejecidos y desagradables.

> Dios puede mantenernos *fuera* de los problemas, en vez de tener que rescatarnos *de* ellos.

El poder de Dios puede hacer que nos veamos mejor y que nos sintamos más jóvenes, porque no llevamos esa vida desgastadora por el pecado. Este es el poder de Dios que está activo en el mundo de hoy, poniendo en evidencia los resultados del pecado y los resultados de la justicia. La línea que los separa se está haciendo nítidamente visible; ya no es difícil distinguir quién pertenece a Dios y quién no. El mundo en que vivimos está lleno de densa oscuridad (ver Is 9:2). Pero Dios nos dio a Jesús "como luz para las naciones" (ver Is 42:6). Su luz es visible en el rostro de los verdaderos creyentes.

Habita en la presencia de Dios

A menudo me pregunto cómo podría un ser humano pasar todo un día sin Dios. Si siento que me estoy perdiendo la íntima presencia de Dios tan sólo por un día, apenas puedo soportarlo. Soy como un niño pequeño que perdió a su mamá en el supermercado; todo lo que puedo hacer es dedicar mi tiempo a tratar de encontrarlo. Yo no quiero vivir un instante sin comunión con el Señor; lo necesito para vivir cada día de mi vida.

Por medio de mi conciencia, el Espíritu Santo me hace ver

si estoy haciendo algo incorrecto, que lo entristece o que interfiere en nuestra comunión. Me muestra si hice algo equivocado, ayudándome a regresar al lugar donde debo estar. Él me redarguye y me convence, pero nunca, nunca me condena.

Dios nos ama aun más de lo que nosotros podamos amar a nuestros propios hijos, y por amor nos disciplina. Recuerdo cuánto odiaba tener que quitarles privilegios a mis hijos, pero sabía que estarían en problemas si no aprendían a escucharme. Y Dios tiene esa misma preocupación por nosotros, pero es paciente. Nos dice y nos repite, una y otra vez, lo que deberíamos hacer; tal vez lo haga de quince maneras diferentes para tratar de captar nuestra atención. Su mensaje de amor persuasivo se encuentra por todas partes. Él quiere que lo escuchemos porque nos ama; pero si persistimos en seguir nuestros propios caminos, Él retiene de nosotros ciertas bendiciones y privilegios. Y lo hace solamente porque quiere que maduremos hasta llegar al lugar donde Él pueda derramar la plenitud de sus bendiciones sobre nosotros. Si Dios nos dio gratuitamente a su Hijo Jesús, sin duda no va a retener ninguna otra cosa que pueda hacernos falta, pues quiere bendecirnos profunda y abundantemente:

> "El que no eximió ni a su propio Hijo, sino que lo entregó por todos nosotros, ¿Cómo no nos concederá también con Él todas las cosas? ¿Quién acusará a los escogidos de Dios? Dios es el que justifica. ¿Quién es el que condena? Cristo Jesús es el que murió, sí, más aún, el que resucitó, el que además está a la diestra de Dios, el que también intercede por nosotros" (Ro 8:32-34, LBLA).

Si la condenación está invadiendo nuestra conciencia, no viene de Dios. Él envió a Jesucristo a morir por nosotros, para pagar el precio por nuestros pecados. Jesús cargó con nuestro pecado y nuestra condenación (ver Is 53). Debemos deshacernos del pecado, y no seguir sintiéndonos culpables. Una vez que Dios quiebra el yugo de nuestro pecado, también quita la culpa. Él es fiel y justo para perdonarnos los pecados y para limpiarnos de toda maldad (ver 1 Jn 1:9).

Cada día de nuestra vida necesitaremos ser perdonados. El Espíritu Santo hará sonar en nuestra conciencia la alarma para que reconozcamos el pecado, y nos dará el poder de la sangre de Jesús para limpiarnos continuamente y para permanecer santos delante de Él.

Acércate confiadamente al trono de Dios

A menudo, cuando estamos siendo convencidos de nuestro pecado, nos volvemos cascarrabias mientras Dios trata con nosotros. Hasta que admitimos nuestro pecado, nos decidimos a dejarlo y pedimos perdón, experimentamos una presión que va empujando hacia afuera lo peor que hay en nosotros. Tan pronto como nos ponemos de acuerdo con Dios, recobramos la paz y nuestra conducta mejora.

El diablo sabe que la condenación y la vergüenza nos impiden acercarnos a Dios en oración para que nuestras necesidades puedan ser satisfechas y para que podamos disfrutar nuevamente de la comunión con Él. Sentirnos mal con nosotros mismos o pensar que Dios está enojado con nosotros, nos separa de su presencia. Él no nos abandona, pero nosotros, por temor, nos alejamos de Él.

Por esta razón es tan importante discernir la verdad y conocer la diferencia entre convicción y condenación. Recuerda, aceptar la convicción te levantará y te librará del pecado; la condenación sólo hace que te sientas mal contigo mismo.

Cuando oras por las personas, el Espíritu Santo les da convicción de su pecado, y a menudo comienzan a actuar peor que antes. Pero no permitas que eso te haga creer que tus oraciones no están surtiendo efecto; en realidad, es una buena señal de que Dios en verdad está obrando, convenciéndolos de pecado y tratando de persuadirlos de que necesitan cambiar. Así que ¡sigue orando!

Cuando ores, acostúmbrate a pedirle a Dios que te dé convicción de tu propio pecado, sabiendo que ella es una bendición, no un problema. Si solamente los perfectos oraran y recibieran respuesta, nadie oraría. No tenemos que ser perfectos, pero sí debemos ser limpiados de nuestra maldad. Cuando comienzo mi tiempo de oración, casi siempre le pido a mi Padre Celestial que me limpie de mis pecados. Cuando oramos en el nombre de Jesús, estamos presentándole al Padre todo lo que Jesucristo es, no lo que somos nosotros.

> La condenación y la vergüenza nos impiden acercarnos a Dios en oración.

La convicción es vitalmente necesaria para poder caminar adecuadamente con Dios. Este regalo de la convicción es una manera de oír a Dios. No cometas el error de dejarte condenar, como me sucedió a mí durante años. Permite que la convicción te eleve a un nuevo nivel en Dios. No la resistas; recíbela.

Preguntas para reflexionar

1. ¿Tienes el corazón endurecido? ¿Por qué? ¿El pecado ha hecho que te apartaras de Dios?

2. ¿Cómo puede ser que Dios esté siempre con nosotros, y aun así que nuestro pecado nos separe de Él?

3. En tu vida, ¿diferencias la condenación de la convicción del Espíritu Santo? Si no, ¿qué necesitas para poder distinguir entre ambas?

4. Describe algún momento en el que te sentiste condenado por tu pecado. ¿Qué hiciste? ¿Cuál fue el resultado final?

5. Describe alguna oportunidad en la que el Espíritu Santo te convenció de pecado. ¿Qué hiciste? ¿Cuál fue el resultado final?

6. ¿Hay en tu vida alguna adicción que el Espíritu te está instando a vencer? Si es así, ¿cuál es? ¿Cuál es tu plan de ataque?

7. En tus propias palabras, ¿cuál es la diferencia entre convicción del Espíritu Santo y condenación?

8. ¿Qué te está guiando a hacer Dios en respuesta al mensaje de este capítulo?

7

Cómo desarrollar un "oído entrenado"

=

Me pareció fascinante saber que algunos caballos tienen lo que sus entrenadores llaman un "oído entrenado". Mientras que la mayoría de los caballos son guiados y dirigidos por medio de una correa sujeta a su hocico, algunos mantienen su oído alerta a la voz del entrenador. En un caso, el oído está atento a las señales naturales, mientras que en el otro es sensible a su fiel instructor.

Elías necesitaba oír a Dios, y afortunadamente tenía su oído sintonizado con Él, aunque estaba bastante asustado por lo que había escuchado en el mundo natural. Acababa de derrotar a 450 profetas falsos en un duelo de poder entre el silencioso Baal y el Dios de Abraham, de Isaac y de Jacob. Ahora la reina Jezabel, que había acabado con los profetas del Señor, amenazó con asesinar a Elías ese mismo día. Él huyó para salvar su vida y, escondiéndose en una cueva, le pidió a Dios morir antes de que Jezabel lo encontrara. Entonces el Señor envió su Palabra a Elías, diciéndole: "¿Qué haces aquí?"

Él resumió los hechos y las amenazas, y dijo: "Buscan mi vida para quitármela".

Entonces, una vez más el Señor le mostró su presencia a Elías, ordenándole que se pusiera en el monte delante de Él. Vino un viento recio, tan violento que partió las montañas e hizo añicos las rocas, pero el Señor no estaba en el viento. Al viento le siguió un terremoto, pero el Señor tampoco estaba en el terremoto. Tras el terremoto vino un fuego, pero el Señor tampoco estaba en el fuego. Y después del fuego vino un suave murmullo. Entonces el Señor le dijo que saliera de su escondite y que fuera a ungir a los próximos reyes de Siria y de Israel y al profeta que tomaría su lugar (ver 1 R 16-19, NVI). Y Elías obedeció lo que el Señor le dijo en ese suave murmullo.

La historia de Elías nos ayuda a entender cómo oír a Dios cuando necesitamos su dirección. Dios no tranquilizó a Elías con una manifestación aparatosa y llamativa de su poder, aunque había demostrado que era capaz de hacerlo. Dios le habló a su profeta en un suave murmullo; y aun elige comunicarse directamente con sus hijos por medio de un susurro en lo profundo de sus espíritus.

"Dios es espíritu, y quienes lo adoran deben hacerlo en espíritu y en verdad" (Jn 4:24 NVI). Jesús explicó por qué algunos no oyen la voz de Dios:

> "Ustedes nunca han oído su voz, ni visto su figura, ni vive su palabra en ustedes, porque no creen en aquel a quien él envió. Ustedes estudian con diligencia las Escrituras porque piensan que en ellas hallan la vida eterna. ¡Y son ellas las que dan testimonio en mi favor! Sin embargo, ustedes no quieren venir a mí para tener esa vida" (Jn 5:37-40, NVI).

Jesús también enseñó:

> "De cierto, de cierto te digo, que el que no naciere de agua y del Espíritu, no puede entrar en

el reino de Dios. Lo que es nacido de la carne, carne es; y lo que es nacido del Espíritu, espíritu es. No te maravilles de que te dije: Os es necesario nacer de nuevo. El viento sopla de donde quiere, y oyes su sonido; mas ni sabes de dónde viene, ni a dónde va; así es todo aquel que es nacido del Espíritu" (Jn 3:5-8).

Cuando nacemos de nuevo, nuestro espíritu es revivido para hacerse sensible a la voz de Dios. Oímos su murmullo aunque no sabemos de dónde viene. Él nos susurra para convencernos de pecado, para corregirnos y para guiarnos con voz suave y apacible en lo profundo de nuestro corazón. Yo puedo comunicarme con mi esposo por medio de mi cuerpo visible, de mi boca, de mis expresiones faciales y de mis gestos y; pero si voy a hablar con Dios, tengo que comunicarme con Él en mi espíritu.

Dios habla a nuestro ser interior mediante la comunión directa, a través de nuestra intuición (una inexplicable forma de percepción), y de nuestra conciencia (nuestras convicciones básicas respecto del bien y del mal). Nuestro espíritu puede percibir un tipo de conocimiento que no podemos demostrar por medios racionales.

> Si voy a hablar con Dios, tengo que comunicarme con Él en mi espíritu.

Por ejemplo, cuando somos sensibles a la voz de Dios, podemos considerar situaciones que parecen estar en orden y "saber" intuitivamente que algo anda mal. Esa verificación interna de nuestro espíritu evita que nos precipitemos a entrar en acuerdo con alguien o que quedemos comprometidos en alguna situación que no nos conviene.

Es maravilloso poder ser guiados por el Espíritu de Dios. Recuerdo una oportunidad en que terminamos de grabar una cinta con música y lectura de pasajes bíblicos.

Trabajamos en ella varias personas, para asegurarnos que todo se hiciera correctamente, porque resulta tedioso y bastante caro modificar una grabación una vez que la copia maestra está terminada. Había escuchado la cinta con nuestro productor, y Dave y yo dijimos: "Sí, está bien".

Pero una mañana de la semana siguiente, mientras oraba, sentí necesidad de volver a escuchar la grabación. Francamente, no deseaba ocupar otra hora en escuchar esa cinta cuando había otros mensajes que quería estudiar. Pero a veces Dios me guía a hacer cosas que no deseo, y su insistente señalamiento me convenció de la necesidad de examinar una vez más la grabación. Como ese sentimiento no cedía, finalmente dije: "Está bien, voy a revisar la cinta".

Cuando escuché las primeras Escrituras citadas, comprendí que había equivocado una referencia bíblica. La grabación debía enviarse al día siguiente para la masterización final. Si no la hubiera escuchado *ese* día, el error se habría duplicado en diez mil copias antes de poder corregirlo. Doy gracias a Dios por la guía del Espíritu Santo.

En muchas oportunidades, la voz de Dios nos ha librado de problemas. En este caso, nos ahorró mucho dinero, un gran bochorno, y muchos llamados de nuestra audiencia, miembros que habrían telefoneado para decir: "¿Sabe Joyce que está citando un pasaje equivocado en esta cinta?"

Afortunadamente, fui lo bastante sensible a la voz de Dios como para escuchar la grabación; por su gracia, Él siguió insistiendo hasta que lo hice. ¡Gracias a Dios por su gracia! Si desobedecemos permanentemente su guía, nuestra conciencia terminará por cauterizarse, endureciéndose para oír la voz de Dios (ver 1 Tim 4:12). Es difícil para Él sacarnos de los problemas si nuestro corazón no es lo bastante dócil como para atender a las dulces y suaves indicaciones del Espíritu Santo.

Vale la pena hacer lo que Dios quiere que hagamos. Cada vez que actuamos correctamente, aumenta nuestra confianza en su guía, y nuestra conciencia se hace un poco más sensible a su voz. Tenlo presente: ¡Vale la pena obedecer!

Quienes no son salvos están espiritualmente muertos, lo cual significa que su comunión con Dios y la posibilidad de intuir sus señales están muertas. No reciben las cosas por revelación; sólo conocen lo que aprenden con su cabeza. Pero si estamos espiritualmente vivos, Dios puede mostrarnos cosas que no podemos saber de ninguna otra forma, sino por revelación divina.

He tenido algunos trabajos en los cuales no contaba con el conocimiento natural para hacer las tareas que se me asignaban; pero Dios me guió y me capacitó para hacer cosas en las que no había sido adiestrada. Completé mi educación con la escuela secundaria, y jamás estudié cómo conducir un ministerio o cómo utilizar efectivamente los medios de comunicación masiva. Pero Dios nos ha dotado, a mi equipo y a mí de, todo cuanto nos hace falta para ministrar por televisión y por radio en todo el mundo. Dios nos guía paso a paso, por su Espíritu, enseñándonos a medida que avanzamos por fe.

Un creyente puede ser guiado por el Espíritu Santo, pero el hombre no regenerado (el que no ha nacido de nuevo) no tiene ese privilegio. Todo lo que puede hacer es razonar con su mente, caminar de acuerdo con su voluntad y seguir sus emociones, puesto que su espíritu no es consciente de la voz de Dios. Es decir, está limitado a sus capacidades naturales; por eso en el mundo hay tanta gente que sólo busca más información y más educación: no saben nada sobre la posibilidad de ser enseñados y guiados por el Espíritu de Dios. No estoy en contra de la educación, a la que considero algo muy bueno; pero hay gente que piensa que es lo más importante en la vida. Creen que si alguien no cuenta con una educación superior, no podrán hacer gran cosa.

La Palabra de Dios dice, en 1 Corintios capítulo 1, que Él escogió lo necio y lo débil del mundo para confundir a los sabios. Él usa lo que el mundo estima de poco o ningún valor, para que nadie se jacte en su presencia. En otras palabras, Dios puede usar a cualquiera que esté entregado y sometido a Él y a su señorío.

Muchas de las personas que ocupan puestos altos en nuestro ministerio no recibieron entrenamiento profesional para hacer lo que hacen. Por ejemplo, yo fui tenedora de libros y jefa de una oficina, Dave estaba en el campo de la ingeniería, nuestro gerente general era soldador, uno de nuestros jefes de sección era trabajador portuario, y otro era ayudante de un profesor.

Por cierto, la educación puede ser muy valiosa, y nuestro plantel de personal incluye profesionales en ciertas áreas, pero también la gente instruida necesita depender de Dios, y no confiar solamente en su educación.

Dios nos guía por medio de nuestra conciencia

Una persona que no es salva no oye la voz de Dios, y su intuición no opera con su plena capacidad. Pero Dios se da a conocer a cada uno en su conciencia, puesto que, si la conciencia de alguien estuviera totalmente muerta, Él jamás podría convencerlo de pecado y salvarlo. Así, el Espíritu Santo obra en las vidas de los pecadores, despertando sus conciencias lo suficiente como para que comprendan la necesidad de arrepentirse y de recibir a Cristo como Señor y Salvador. Sin embargo, la conciencia de las personas puede llegar a insensibilizarse, como si estuvieran en estado de coma, si persisten demasiado tiempo en ignorar su sentido del bien y el mal.

Yo he dedicado mi vida a la misión de despertar la conciencia de la gente, para que aprenda a escuchar la voz de Dios que los está llamando a un nivel más alto y a una vida mejor. Sí, ellos pueden conocer el amor del Padre, la gracia de Jesucristo y la comunión y el compañerismo del Espíritu Santo (ver 2 Co 13:14).

La sangre purificadora de Jesús tiene un poder asombroso sobre la conciencia. Yo nací de nuevo a los nueve años, y recuerdo con claridad que me sentía terriblemente culpable antes de orar para pedirle a Jesús que entrara a mi corazón, pero me sentí por completo limpia y nueva después de arrepentirme y aceptarlo como mi Salvador. Es posible mantener esa sensación de renovación y limpieza mediante el poder del arrepentimiento continuo. En 1 Juan 1:9 se nos enseña que Él es fiel y justo para limpiarnos *continuamente* de nuestra maldad, si reconocemos con sinceridad que hemos pecado y lo confesamos.

> ## Dios se da a conocer a todos.

Desperdicié muchos años de mi vida sin el conocimiento de la Palabra de Dios y, por consiguiente, era engañada por Satanás, sintiéndome culpable constantemente. Asistía a la iglesia, mas no sabía nada sobre llevar una vida realmente sometida a Dios. Cumplía mis deberes religiosos, pero no tenía idea de que podía aprender cómo ser guiada diariamente por el Espíritu Santo. Seguía reglas eclesiásticas, no al Espíritu Santo. En algunos casos esas reglas y la guía de Dios son lo mismo, pero no siempre es así.

Yo hacía lo que me daba la gana; la mayor parte del tiempo no me importaba cómo actuaba y tampoco era muy sensible en mi forma de tratar a la gente. De hecho, le prestaba muy poca atención a mi conducta en cualquier área. En febrero de 1976 rendí completamente mi vida al Señor. Lo acepté no sólo como mi Salvador, sino también como mi Señor. Siempre digo que antes de ese momento tenía lo suficiente de Jesús como para salvarme del infierno, pero no para caminar en victoria. Realmente, creía que Jesús era mi Salvador, y que Él había muerto por mí y pagado por mis pecados; sabía que Él era mi único camino al cielo, pero no se me había enseñado la necesidad de madurar y crecer espiritualmente. Cuando iba a la iglesia, escuchaba mucho acerca de la doctrina, pero muy poco que pudiera aplicarse a la vida cotidiana.

Mi oído no estaba sintonizado con el Espíritu Santo; ciertamente no tenía un "oído entrenado". Pero llegó mi tiempo de empezar a aprender cómo seguir la guía de Dios, no la mía, la de alguna amistad o la del mundo.

Hay muchas personas que viven con culpa y condenación permanentes porque ignoran cómo atender a la voz de la conciencia. Su conciencia los inquieta, pero en lugar de tratar de averiguar por qué, y confiar en que la gracia de Dios los ayudará a cambiar o a corregir lo que está mal, ignoran la guía de Dios y continúan siendo infelices.

Cuando tu conciencia no te deja tranquilo, es importante saber por qué y hacer algo al respecto tan rápido como sea posible. Si no tienes paz, enciérrate a solas con Dios, habla con Él para saber por qué te sientes intranquilo, y permítele que obre un cambio en tu vida.

Si queremos que el Espíritu Santo nos dirija, debemos estar dispuestos a crecer y convertirnos en hijos e hijas de Dios maduros. No debemos ser llevados de un lado a otro por los apetitos de nuestra carne, o por el diablo, o por nuestros amigos, o por nuestras emociones, mente o voluntad. Hemos de ser guiados por el Espíritu Santo.

Cuanto más conozcas su Palabra, tanto más entenderás que Él no te llevará por el camino equivocado ni te guiará a hacer algo perjudicial para ti. Hasta cosas que puedan parecerte desagradables al principio, se convertirán en gloriosas bendiciones para tu vida si obedeces la guía del Espíritu Santo. Adquirir madurez espiritual y aprender a seguir la dirección del Espíritu Santo, son una y la misma cosa.

En la Biblia hay pasajes que se refieren a los creyentes como hijos de Dios en el sentido de niños pequeños, y en otros como hijos e hijas de Dios adultos. Yo me valgo de este hecho para destacar que, aunque amamos a nuestros hijos sin importar cuál sea el grado de madurez que tengan, existe una diferencia entre lo que podemos confiar a nuestros niños pequeños y lo que podemos confiar a nuestros hijos e hijas ya adultos, puesto que las libertades, los privilegios y las responsabilidades que les podemos dar no son los mismos.

Cuando entramos al reino de Dios somos niños pequeños, bebés en Cristo. Luego aprendemos que tenemos un pacto con Dios, y que somos coherederos con Cristo, y somos instruidos en las cosas maravillosas que Dios quiere hacer por nosotros. Pero si nunca crecemos, aunque todas esas cosas estén depositadas en una cuenta, a nuestra disposición, nunca llegaremos a disfrutar de nuestra herencia.

> ## Dios tiene muchos planes hermosos para nosotros.

Antes de que nuestro hijo cumpliera los dieciséis, decidimos comprarle un coche y lo tuvimos guardado en el garaje durante seis meses. Nuestra intención era regalárselo, pero si no hubiera aprendido a manejar, jamás se lo habríamos dado. Del mismo modo, Dios tiene muchos planes hermosos para nosotros, un depósito repleto de bendiciones para cada uno, pero debemos madurar y crecer para poder recibirlas. Una de las principales señales de madurez en el Señor es estar dispuestos a que el Espíritu de Dios nos dirija.

Dave y yo apreciamos el hecho de que nuestros hijos e hijas crecidos saben lo que deseamos y lo que no, lo que aprobamos y lo que no. No tenemos que correr detrás de ellos con una lista de reglas y disposiciones, repitiéndoles siempre las normas que deben seguir. Cuando eran pequeños, teníamos una lista de lo que debían hacer y lo que no, pero a medida que vivían con nosotros, llegaban a conocer mejor y a escuchar más nuestro corazón.

Dios quiere que confiemos en Él

Cuanto más tiempo dediquemos a escuchar a Dios, más conscientes seremos de cómo quiere que nos conduzcamos y que actuemos:

113

"Porque todos los que son guiados por el Espíritu de Dios, los tales son hijos de Dios. Pues no habéis recibido un espíritu de esclavitud para volver otra vez al temor, sino que habéis recibido un espíritu de adopción como hijos, por el cual clamamos: ¡Abba, Padre! El Espíritu mismo da testimonio a nuestro espíritu de que somos hijos de Dios, y si hijos, también herederos; herederos de Dios y coherederos con Cristo, si en verdad padecemos con Él a fin de que también seamos glorificados con Él" (Ro 8:14-17, LBLA).

¿Padecer con Él? En el fondo, cada vez que nuestra carne quiere algo distinto de lo que quiere el Espíritu de Dios, y decidimos seguirlo a Él, nuestra carne seguramente sufrirá. Eso no nos gusta, pero la Biblia dice llanamente que si anhelamos ser glorificados con Él, tenemos que estar dispuestos a padecer con Él.

Aún recuerdo cómo sufría durante mis primeros años de caminar en obediencia, y pensaba: *Querido Dios, ¿lograré algún día a superar esto? ¿Llegaré alguna vez al punto en que pueda obedecerte sin que me duela hacerlo?*

Me gusta animar a quienes recién están comenzando a escuchar la voz de Dios, diciéndoles que, una vez que el apetito carnal deje de tener el control sobre ellos, llegaran a ese punto en el que les resultará fácil obedecer a Dios —donde, realmente, *disfrutarán* de obedecerlo. En Romanos 8:18, Pablo dijo: "Pues considero que los sufrimientos de este tiempo presente no son dignos de ser comparados con la gloria que nos ha de ser revelada" (LBLA).

En lenguaje moderno, Pablo estaba diciendo: "Sufrimos un poco ahora, ¿y qué? La gloria que vendrá por nuestra obediencia opacará los sufrimientos que soportamos ahora". ¡Estas son buenas noticias! Sea lo que sea que estemos pasando, no es nada comparado con las cosas hermosas que Dios va a hacer en nuestras vidas a medida que continuemos avanzando con Él.

La verdadera señal de madurez se evidencia en la forma en que tratamos a los demás. La Biblia es un libro que trata de relaciones: nuestra relación con Dios, con nosotros mismos, y con los demás. Creo que la mayoría estará de acuerdo en que el desafío más grande es llevarse bien con otros.

En Gálatas 5:15, Pablo dijo: "Pero si os mordéis y os devoráis unos a otros, tened cuidado, no sea que os consumáis unos a otros" (LBLA). Pablo escribió esto a cristianos que habían nacido de nuevo y estaban llenos del Espíritu Santo, pese a lo cual tenía que recordarles constantemente la importancia de llevarse bien unos con otros. Si la gente nos hace enojar, la Palabra de Dios que mora en nosotros comenzará a instarnos a que los perdonemos, cosa que no es fácil de hacer; pero debemos elegir si vamos a satisfacer los deseos de la carne o si hemos de ser guiados por el Espíritu.

Quizás nuestra carne se exalte y queramos estallar en gritos, pero si somos guiados por el Espíritu, sufriremos en el nombre de Cristo y decidiremos perdonar. Ése es el sufrimiento al que Pablo se refería en Romanos. Algunas veces entendemos el mensaje del sufrimiento en forma equivocada y parcial.

El verdadero sufrimiento del que habla la Biblia no tiene que ver con la pobreza, la enfermedad o la catástrofe.

Jesús vino a sanarnos, a rescatarnos y a librarnos de esa clase de sufrimiento. Satanás nos ataca con ese tipo de cosas, y tal vez debamos soportarlas por algún tiempo mientras esperamos que Dios nos libre; pero ésa no es la clase de sufrimiento que Dios quiere que sobrellevemos permanentemente; sólo anhela que seamos sufridos y pacientes para con los demás.

Si entramos en conflicto, nuestra relación de unos con otros fracasará. Debemos habituarnos a caminar y vivir en el Espíritu, deponiendo la costumbre de herir a la gente. Si caminamos en la carne, no lograremos llevarnos bien con nadie, porque en el fondo todos queremos hacer las cosas a nuestra manera. La carne es egoísta y egocéntrica, y si andamos conforme a ella, nunca podremos actuar como Jesús.

Dios nos enseña lo que es correcto, y a lo largo de todo el día, todos los días, siete días a la semana, debemos elegir lo correcto por sobre lo incorrecto. Hasta que suene la última trompeta y Jesús venga a buscarnos, vamos a tener que decirle no al yo y sí a Dios.

> ## Debemos elegir lo correcto por sobre lo incorrecto.

Igual que un caballo que tiene el "oído entrenado", alerta a la voz de su amo, nosotros también debemos estar prestos a seguir al Señor en *todo* lo que Él nos guíe, no solamente en lo que nos sintamos cómodos o aquello en que, por casualidad, estemos de acuerdo, ya que no siempre nos gustará lo que tenga que decirnos.

Debemos comprender que para seguir a Dios debemos decirle no a la carne, y cuando eso ocurre, la carne sufre. Es igualmente importante comprender que puede haber ocasiones en las que estemos galopando a toda velocidad en cierta dirección, cuando de pronto el Maestro nos diga que *nos detengamos y nos mande ir en otra dirección*.

En Gálatas 5:16, el apóstol Pablo nos dijo: "Así que les digo: 'Vivan por el Espíritu, y no seguirán los deseos de la naturaleza pecaminosa'" (NVI).

Si seguimos la guía del Espíritu, no satisfaremos o cumpliremos los deseos de la carne que nos desvían de lo mejor que Dios tiene. Este versículo no nos dice que esos deseos se van a ir o van a desaparecer. Pero si elegimos ser guiados por el Espíritu, no satisfaremos los deseos de la carne —y el diablo no se saldrá con la suya.

Cuando decidimos conformarnos a la guía de Dios, sentiremos que en nuestro interior se desata una guerra. Nuestra carne nunca va a desear lo que desea el Espíritu; e incluso cuando nuestro espíritu quiera seguir al Señor, los deseos de nuestra carne nos tentarán a desobedecer a Dios. En tanto estemos aquí en la tierra *no* existirá armonía natural entre nuestra carne y nuestro corazón regenerado (ver Ro 13:14, Gl 5:17). Así que debemos aprender a obedecer al Espíritu de Dios y a ordenarle a nuestra carne que se someta.

Dios quiere gobernar nuestras vidas

Dios quiere estar al mando de nuestras vidas. Cuando somos guiados por el Espíritu, cumplimos los justos requisitos de la ley; cuando sigo la guía del Espíritu, sé que estoy agradando al Señor.

Si me enojo con Dave y el Espíritu Santo me dice que debo pedirle disculpas, si lo hago, estoy agradando al Señor. Si me siento tentada a criticar a alguien, pero percibo esa pequeña señal del Espíritu Santo alertándome para que termine la conversación, si detengo mi lengua inmediatamente, estoy siendo obediente. Si voy conduciendo a alta velocidad por la carretera y el Espíritu me dice: "Estás excediendo el límite de velocidad", cuando quito mi pie del acelerador, estoy honrando a Dios.

Si no vamos a obedecer a Dios, ni permitirle que gobierne nuestras vidas en lo poco, nunca nos pondrá sobre lo mucho. Muchos quieren estar a cargo de cosas grandes en la vida pero se niegan a obedecer a Dios en las pequeñas.

Recordemos lo que dije antes: *"Si no estamos dispuestos a escuchar a Dios en un área, esto puede impedirnos hacerlo en otros campos"*. No podemos darnos el lujo de decidir qué escucharemos y qué no. Es fundamental entregarle a Dios las riendas de nuestra vida, porque Él quiere dirigirnos.

Pablo le enseñaba constantemente a la gente que debía dejarse guiar por el Espíritu; no estaba ministrando la ley, sino el Espíritu, y dedicó mucho tiempo a enseñar la diferencia entre ley y gracia. Él dijo respecto de Dios:

"El cual también nos hizo suficientes como ministros de un nuevo pacto, no de la letra, sino del Espíritu; porque la letra mata, pero el Espíritu da vida. ¿Cómo no será aún con más gloria el ministerio del Espíritu?" (2 Co 3:6, 8, LBLA).

Pablo estaba diciendo que la dispensación del Espíritu, o el nuevo pacto, hará que los hombres hagan dos cosas: ante todo, recibirán el Espíritu Santo (lo tendrán en sus vidas) y en segundo término, sus vidas serán regidas por el Espíritu Santo.

El modelo que todos los ministros del evangelio deberían seguir es el siguiente: hacer que las personas reciban a Cristo, y al Espíritu Santo en sus vidas. Pero muchos sólo hacen la oración del penitente y luego vuelven a vivir como lo hacían siempre, sin grandes cambios. Tienen al Espíritu Santo en sus vidas, pero no dejan que los dirija día a día y momento a momento.

Su fracaso o rechazo a escuchar a Dios crea una barrera entre ellos y las bendiciones divinas. Si sólo obedecieran a sus conciencias, agradarían a Dios y tendrían la vida abundante que Él quiere que disfruten. No obstante, hacen lo que les parece, o lo que los demás hacen, en lugar de seguir la guía, los estímulos y la dirección del Espíritu Santo. Pero todos aquellos que aprendan a ser dirigidos por la suave y apacible voz divina verán derramarse bendiciones sobre sus vidas y se deleitarán en saber que están agradando a Dios.

Preguntas para reflexionar

1. ¿Qué significa oír la voz dulce y apacible de Dios en tu espíritu? ¿Lo has experimentado?

2. ¿Cómo sabes que esa dulce, apacible voz no es la de tus emociones o tus deseos?

3. Describe alguna oportunidad en la que el Espíritu te recordó algo práctico. ¿Cómo cambió la situación?

4. ¿Qué es un "oído entrenado"? ¿Lo tienes tú? ¿Cómo puedes desarrollarlo?

5. Si la conciencia de una persona llegara a estar muy insensibilizada, ¿cómo puede el Espíritu Santo convencerla de pecado? ¿Has tenido esta experiencia alguna vez?

6. ¿Qué es la comunión y el compañerismo del Espíritu Santo? ¿Cómo los has sentido en tu propia vida?

7. ¿Qué te está guiando a hacer Dios en respuesta al mensaje de este capítulo?

SEGUNDA PARTE

=

Aprende a obedecer

*"Mi madre y mis hermanos son estos que
oyen la palabra de Dios y la hacen".*
—JESUS, EN LUCAS 8:21

8

La obediencia mantiene sensible nuestra conciencia

=

Dios puede hablarnos en una amplia variedad de formas, pero si endurecemos nuestra conciencia, o nuestro corazón, negándonos a obedecerle cuando Él nos habla, perderemos la oportunidad de recibir bendiciones que quiere darnos. Recuerdo la época en que cada una de las pequeñas cosas que Dios quería que yo hiciera, o cada una de las que yo estaba haciendo y Dios *no quería* que hiciera, se convertían en un partido de lucha libre entre nosotros. A Dios le tomó semanas, en ocasiones meses, y en otros caso *años*, tratar conmigo antes de que mi dura cabeza se convenciera de que Él no cambiaría de parecer.

Cuando finalmente me rendía a su voluntad, las cosas siempre resultaban ser de una bendición que sobrepasaba cuanto yo había imaginado. Por no escuchar y obedecer su voz, me sometí a una agonía absolutamente innecesaria. Si me hubiera limitado a hacer lo que Dios me dijo la primera vez que lo hizo, me habría evitado muchos problemas.

La mayoría de nosotros tendemos a ser porfiados y obstinarnos en seguir nuestros propios métodos, aunque estos no resulten. Sin embargo, podemos aprender a ser receptivos a la voz de Dios y a la guía del Espíritu Santo. Nuestro hombre espiritual fue diseñado para tener comunión con Dios, quien nos habla por medio de nuestra intuición y nuestra conciencia para mantenernos lejos de los problemas, y también para decirnos lo que está bien y lo que está mal. Hay ciertas cosas que pueden estar mal para una persona pero bien para otra; por eso necesitamos la guía individual de Dios. Naturalmente, hay pautas generales que se aplican a todo el mundo; por ejemplo, todos sabemos que no se debe mentir, engañar, o robar. Pero hay ciertas cosas que podrían estar bien para mi amigo, pero no para mí; pues Dios tiene un plan diferente para cada uno de nosotros, y conoce cosas muy íntimas que ni siquiera nosotros mismos sabemos.

Tal vez no entendamos por qué Dios nos dice que no hagamos algo que todos los demás hacen, pero si nuestra conciencia se mantiene despierta, discernimos claramente cuándo nos está instando a *no* hacerlo. Lo fundamental es que no necesitamos saber el por qué de todas las cosas — solamente debemos aprender a obedecer.

Los soldados que se están entrenando para la batalla, reciben a veces orden de hacer cosas ridículas, que carecen de sentido. Ellos aprenden a obedecer sin rápidamente y sin cuestionar. Si se encuentran en el frente de batalla y sus líderes les dan una orden, podrían morir si se dieran vuelta para preguntar el por qué. De la misma manera, Dios desea que aprendamos a confiar en Él y nos limitemos a obedecerlo.

Nuestra conciencia opera como un monitor interno que activa una alarma cuando nos desviamos del rumbo. Los cristianos maduros aprenden a decir: "No tengo paz respecto de esto. Déjame orar y ver lo que Dios me dice". Los inconversos se preguntan qué significa eso.

Pero cuando permanecemos en el Señor, y Él en nosotros, podemos percibir rápidamente su desaprobación para indicarnos que no debemos seguir adelante con un propósito. Yo misma he sentido esa vacilación en mi espíritu cuando estoy de compras, conversando, o haciendo planes para realizar algo. Todo parece estar bien, cuando de pronto una señal de alerta nos indica que demos un paso atrás hasta recibir dirección clara de parte de Dios.

> ## Nuestra conciencia funciona como un monitor interno que activa una alarma cuando nos desviamos del rumbo.

Dios no nos grita ni nos empuja hacia el camino por donde quiere que vayamos, sino que nos *guía*, como un pastor amoroso, invitándonos a seguirlo hacia pastos más verdes. Él quiere que lleguemos al punto en que esa mínima señal de precaución sea suficiente para hacer que nos preguntemos: "¿Qué me estás diciendo, Señor?" En el preciso instante en que sintamos esa pequeña molestia o falta de paz, sabremos que debemos buscar la dirección de Dios antes de tomar una decisión. La Biblia dice que si reconocemos a Dios en todos nuestros caminos, Él dirigirá nuestros pasos (ver Pr 3:6). Reconocer a Dios significa sencillamente que tenemos el debido respeto y temor reverente hacia Él, y que nos importa lo que Él piensa de cada paso que damos.

El siguiente modelo de oración sería una buena manera de comenzar cada día:

> *Señor:*
> *Me interesa lo que piensas, y no quiero hacer cosas que no quieras que haga. Si empiezo a hacer algo que no es tu voluntad, por favor, muéstrame lo que es, para poder detenerme y hacer lo que Tú dispongas.*

Nuestra conciencia nos reprende para inquietarnos cada vez que no alcanzamos la gloria de Dios; por eso debemos aprender a obedecer lo que nos dice tanto respecto de nuestras intenciones como de nuestras acciones, —no solamente *después* de hacer algo, sino también cuando estamos *pensando* hacerlo. Nuestra conciencia nos hará saber que eso no está bien.

Debemos tener cuidado de permanecer receptivos a la verdad de Dios, porque su Palabra dice que la tendencia a ignorar su voz aumentará en los últimos días. Primera Timoteo 4:1 dice: "Pero el Espíritu dice claramente que en los últimos tiempos algunos apostatarán de la fe, prestando atención a espíritus engañadores y a doctrinas de demonios" (LBLA). Los versículos 2 y 3 nos advierten que la conciencia de algunos estará endurecida (cauterizada), y se convertirán en hipócritas y mentirosos que enseñarán falsas doctrinas que ni ellos mismos practican.

Si una herida está cauterizada, se convierte en tejido cicatrizado que no tiene sensibilidad. De la misma manera, cuando alguien tiene la conciencia cauterizada, quiere decir que está entumecida y endurecida a lo que normalmente debería sentir. Por ejemplo, cuando una persona les causa dolor a otros, debería sentir remordimiento; no obstante en este mundo hay gente que parece no tener empatía o compasión alguna en sus almas. Cuando alguien nos lastima, podemos dejar que las cicatrices endurezcan nuestro corazón hacia él o ella, pero haciéndolo perderemos sensibilidad hacia las cosas buenas que Dios quiere hacer por nosotros.

En lugar de eso, deberíamos orar para que quienes nos hieren desarrollen una conciencia sensible a la voz de Dios, y para que nos ayude a nosotros a permanecer sensibles a su voz. Nuestras oraciones no anulan el libre albedrío de los demás, pero podemos pedirle a Dios que obre en sus vidas y en las nuestras para poder ser receptivos a su guía. El modelo de oración que sigue puede ayudarnos a lograrlo:

Padre:
En el nombre de Jesús oro por mí y por mis seres amados

que tienen la conciencia endurecida, cauterizada. Te pido que obres para quebrar esa dureza y quitarla de nosotros. Por favor, ablanda nuestros corazones hacia Ti, para que seamos receptivos a tu guía, y podamos comprender rápidamente lo que nos estás diciendo y lo que quieres que hagamos. En el nombre de Jesús te pido que nos ayudes a ser dóciles y sensibles al Espíritu Santo. Amén.

Si esperamos oír a Dios, debemos estar atentos a su voz y mantener nuestro oído alerta al sonido de sus palabras.

Debemos ser rápidos para obedecer, si queremos oír habitualmente su voz. La sensibilidad a su voz en nuestro hombre interior puede aumentarse mediante la obediencia, así como disminuye por la desobediencia. La desobediencia engendra desobediencia, y la obediencia engendra obediencia. Descubrí que cuanto más obediente soy, tanto más fácil me resulta seguir obedeciendo; y, cuanto más desobediente, más fácil me será seguir desobedeciendo.

> **Si esperamos oír a Dios, debemos estar atentos a su voz.**

Hay días en que, ni bien nos despertamos, sabemos que tendremos lo que yo llamo un "día carnal". Comenzamos el día sintiéndonos fastidiados y perezosos, y nuestro primer pensamiento es: *No voy a limpiar esta casa, me voy de compras. Y tampoco voy a seguir con esta estúpida dieta. Voy a comer lo que me dé la gana, y no quiero que nadie me esté fastidiando por eso. Si lo hacen, voy a decirles lo que pienso.*

Si nos *sentimos* así al despertar, debemos tomar una decisión: o les hacemos caso a esos sentimientos, o le pedimos al Señor: "¡Dios, por favor ayúdame, rápido!" Si le pedimos que nos ayude a corregir nuestra actitud, podemos lograr que nuestros sentimientos se sometan al Señorío de Jesucristo.

Puedo decirles todo respecto de esos días carnales; sé que podemos comenzar actuando mal a la mañana, e ir empeorando a medida que avanza el día, porque, al parecer, cuando damos lugar a una actitud egoísta y complacemos a nuestra carne, vamos cuesta abajo hacia una jornada totalmente perdida. Por el contrario, cuando decidimos hacer caso a nuestra conciencia, ensanchamos la ventana que Dios usa para guiarnos por su Espíritu. Cada vez que seguimos las directivas de nuestra conciencia, posibilitamos que la próxima vez entre más luz. Una vez que disfrutamos de saber que Dios nos guiará hacia un mejor destino, se nos hace más fácil obedecerle con prontitud y diligencia.

Buscar a Dios para hallar respuestas es una capacidad que se desarrolla, y poder apreciar su participación nos conduce hacia un estilo de vida fructífero. Mucha gente no ve a Dios porque no lo está buscando. Pero nuestros ojos espirituales ven con una conciencia llena de la luz de Dios:

> "La lámpara del cuerpo es el ojo; por eso, si tu ojo está sano, todo tu cuerpo estará lleno de luz. Pero si tu ojo está malo, todo tu cuerpo estará lleno de oscuridad. Así que, si la luz que hay en ti es oscuridad, ¡cuán grande no será la oscuridad!" (Mt 6:22-23, LBLA).

Hoy en día la vida de mucha gente está llena de una densa oscuridad por no haber prestado atención a la voz de la conciencia, cuyo propósito era guiarlos; pero ya no ven el camino que deben seguir porque han apagado esa pequeña luz que les fue dada. Es triste tener pensamientos saturados de tinieblas y de abatimiento. La gente no puede ser feliz si no tiene una luz que alumbre su camino al futuro. Una persona con una conciencia entenebrecida no gusta de sí misma ni de nadie más; nada parece salirle bien, y todo eso es el resultado de no obedecer a Dios.

Esa persona aprende que la felicidad no se puede adquirir en una tienda, ni viene envasado en botellas o en latas. El dinero no puede comprar un boleto hacia la felicidad permanente. Pero una conciencia buena y limpia es de gran valor, pues llena nuestra vida de luz mientras que otros andan a tientas en la oscuridad.

Aun cuando mi boca vaya en la dirección equivocada, mi conciencia funciona correctamente, demandando respuestas positivas a situaciones negativas. Si le hablo a Dave de un modo que no debería, o critico a alguien o me quejo de algo, siento que el Espíritu Santo le da a mi conciencia ese suave empujoncito para que vuelva a la luz del amor de Dios. Mi conciencia me demanda que corrija mi manera de hablar; pero yo puedo decidir aceptar hacer lo que me dice, o puedo elegir ignorarlo.

Si le respondo a mi conciencia con otra cosa que no sea la justicia que me está exigiendo, la próxima vez que me hable lo hará más suavemente; cada vez que la rechazamos, su voz se

> No confíes en que algo va a resultar.

hace un poco más suave y más difícil de escuchar. Por ejemplo, si trato mal a alguien, mi conciencia me insta a que le pida disculpas. Si me niego, la próxima vez que trate mal a una persona, me resultará aún más fácil ignorar a mi conciencia y continuar desobedeciendo.

Tampoco obedecemos a nuestra conciencia si nos dice que dejemos de mirar esa película de TV que queremos ver, pero damos una excusa y la seguimos mirando. En ocasiones intentamos pasar por encima de esa voz con la excusa de que "todo el mundo lo hace". Una de las mayores razones por las que la gente peca, es porque los demás lo hacen.

Quizás estás a punto de casarte con alguien inconverso, y tu conciencia está haciendo sonar fuertemente la alarma, porque sabes que la Palabra dice: "No os unáis en yugo desigual con los incrédulos" (2 Co 6:14). Pero decides ignorarlo. ¿De qué te sorprenderás si acabas metido en problemas?

Algunos ignoran las señales de alerta que Dios les da, por

miedo a quedarse solos, sin familia ni amigos. Deciden tomar el camino equivocado, y más tarde desearán de todo corazón no haber actuado nunca en contra de sus conciencias. No confíes en que algo va a resultar si no cuentas con la aprobación de Dios. La Biblia dice que Jesús es el autor y consumador de la fe (ver Heb 12:2). He aprendido que Él no está obligado a consumar algo que no está autorizado por Él. Muchas veces nos pasa que comenzamos algo y luego nos enojamos si Dios no acude para terminarlo.

A veces, la gente tiene dificultades porque comienza obras por propia iniciativa, y luego le pide a Dios que bendiga algo que Él, ante todo, nunca los guió a hacer.

Dios nos hablará acerca de nuestras relaciones

Si lo escuchamos, Dios nos hablará acerca de nuestro matrimonio, de nuestras amistades y de nuestras relaciones de negocios. Tal vez nos pida que cortemos alguna amistad o relación con gente que podría desviarnos del propósito de Dios para nuestras vidas. Por ejemplo, si pasamos tiempo con una persona egoísta y egocéntrica, no tardaremos mucho en consumir nuestro tiempo pensando en cómo podemos sacar ventaja de todo. En cambio, Dios puede animarnos a hacer amistad con una persona generosa, y muy pronto tendremos su misma actitud. Es emocionante compartir tiempo con alguien que realmente oye a Dios; alguien que verdaderamente comprende lo que el Espíritu está haciendo y diciendo. También nos damos cuenta cuando estamos con una persona cuyos oídos espirituales están adormecidos. La Biblia dice que el hierro se afila con el hierro (ver Pr 27:17), y nosotros podemos aguzar nuestra capacidad para escuchar las cosas correctas estando con gente que oye la voz de Dios y practica la obediencia.

El Espíritu Santo está en posición de autoridad sobre

nosotros y, como nos habla por medio de la conciencia, deberíamos someternos a la autoridad de ésta. Sin la influencia del Espíritu Santo, nuestra propia mente nos conduce a la muerte: "La mentalidad pecaminosa es muerte, mientras que la mentalidad que proviene del Espíritu es vida y paz" (Ro 8:6, NVI).

Primera de Corintios 2:13-15 nos dice que el hombre natural no entiende al hombre espiritual, queriendo significar que la mente racional no entiende al corazón espiritual. Una persona de ninguna manera puede obedecer al Espíritu sin prestar atención a la voz de la conciencia. Cuanto más espiritual es un creyente, tanto más la escuchará, porque su conciencia debería ser su buena amiga.

El Espíritu Santo no trata de revelarme cosas que no estoy lista para soportar; si Dios nos revelara de golpe todo lo que está mal en nosotros, nos sentiríamos desolados. Aún recuerdo la primera vez que Dios me mostró que a la gente le resultaba difícil llevarse bien conmigo. Yo creía que el problema era de los demás, no mío.

Un día, mientras oraba para que Dave cambiara, el Espíritu Santo vino y me dijo: "Dave no es el problema". Luego, me mostró que algunas de mis actitudes eran incorrectas, y algunas de mis formas de actuar también. ¡Lloré durante tres días seguidos!

Eso fue en 1976; no obstante, marcó el comienzo de cambios importantes en mis acciones y actitudes y, finalmente en mi vida.

Me encanta que Dios me hable clara y directamente. Y después de recibir la llenura del Espíritu Santo, he aceptado los cambios con beneplácito. A estas alturas, Dios me ha mostrado unas cuantas cosas que me habrían hecho llorar durante años si me las hubiera planteado todas de una vez. Pero Dios es tan bueno que trata con nosotros una cosa por vez.

Quizás recuerdes algo en particular que hacías años atrás, pero que incomodaría a tu conciencia si intentaras hacerlo ahora. Tal vez no te molestó cinco años atrás, pero como Dios te ha hablado al respecto, ni piensas en volver a intentarlo.

Dios nos habla de ciertas cuestiones, obra junto con nosotros para traer corrección, y luego nos deja descansar por un tiempo. Pero, finalmente, en tanto sigamos escuchándolo, siempre nos hablará de alguna otra cosa.

Todos transitábamos la vida por el camino ancho y espacioso, pero ahora somos guiados por la senda estrecha. Recuerdo haberle dicho a Dios una vez: "Parece que esta senda se hace más estrecha a cada paso": sentía que el camino por el cual Dios me guiaba se angostaba tanto que no quedaba lugar para mí. No me sorprende que Pablo haya dicho: "Ya no soy yo el que vive, sino que Cristo vive en mí" (ver Gl 2:20). Cuando Jesús viene a vivir en nosotros, establece su residencia permanente, y poco a poco va extendiendo su presencia para que haya más de Él y menos de nuestra naturaleza egoísta.

> **Es imposible actuar debidamente por fe si tenemos una conciencia culpable.**

Es imposible actuar debidamente por fe si tenemos una conciencia culpable de no obedecer a Dios en algo que sabemos que quiere que hagamos. Tal convicción afecta nuestra fe y nuestra adoración a Dios. El apóstol Pablo a menudo se refería a su conciencia, diciendo: "Digo la verdad en Cristo, no miento, dándome testimonio mi conciencia en el Espíritu Santo" (Ro 9:1, LBLA). Sea lo que fuera que Pablo hiciese, acostumbraba asegurarse de que su conciencia diera testimonio de la aprobación de Dios, y sabía que estaba haciendo lo correcto porque el Espíritu Santo iluminaba su conciencia. Obviamente, Pablo vivía con un "oído entrenado".

Nosotros necesitamos vivir de la misma manera.

Si nuestra conciencia no da testimonio, si no creemos que Dios esté de acuerdo con lo que estamos pensando hacer, entonces no deberíamos continuar, aunque no podamos explicar la razón por la cual consideramos que eso no está bien. No hablo de basar nuestras decisiones en los sentimientos, pero hay una sensación de desasosiego cuando Dios nos habla por medio de la conciencia para evitar que nos desviemos del camino angosto que es lo mejor que Él tiene para nosotros. Si obedecemos la voz de Dios, seremos una bendición para los que nos rodean.

Dios nos hablará acerca de mantener cierto equilibrio

Si escuchamos al Espíritu Santo lograremos tener equilibrio en todas las áreas de nuestra vida, y Él nos dirá si estamos gastando demasiado o quizás no lo suficiente. Hay personas despilfarradoras, y las hay mezquinas; ninguna representa el equilibrio. Primera de Pedro 5:8 nos insta a ser sobrios para impedir que Satanás se aproveche de nosotros.

Existen casos de padres bienintencionados que hacen demasiado por sus hijos, y éstos tienen problemas porque les facilitan demasiado las cosas, impidiendo así que desarrollen el sentido de responsabilidad y de dependencia del Señor.

Cuando nuestros hijos eran pequeños, había momentos en que queríamos darles algo, pero al mismo tiempo nos sentíamos intranquilos de hacerlo. Aprendimos a prestarle atención a nuestra intuición, a esperar hasta tener paz, y, en ocasiones, teníamos que decir: "No tengo paz en relación con esto". Si se enfadaban, los animábamos a orar para que Dios les mostrara qué debían hacer respecto a esa situación, pues aun los niños pueden aprender a ser guiados por la paz. Ahora nuestros hijos ya son adultos, y han aprendido a ser sensibles a la voz del Espíritu Santo, así que actualmente podemos hacer bastante por ellos. Siempre tienen una buena actitud y quieren hacer cosas por nosotros. Realmente disfrutamos de una hermosa relación con ellos.

No tienes necesidad de disculparte con nadie por esperar que el Espíritu Santo dirija tus decisiones. Elige ser guiado por la paz. Creo que ésa era la forma en que Pablo vivía; cuando la gente lo juzgaba, él respondía valientemente que se encomendaba a la conciencia de todo hombre en la presencia de Dios (ver 2 Co 4:2).

Cuando era acusado, creo que Pablo analizaba su conciencia para ver si sentía convicción en su corazón. La mayoría de nosotros tiende a examinar la lógica o las emociones y a consultarlo con amigos, pero a menudo nos olvidamos de preguntarle a Dios. Entonces, cuando viene el acusador, simplemente deberíamos preguntarle la verdad a Dios, diciendo: "Bien, Señor, ¿hice algo malo?"

Si no lo hicimos, debemos resistir al acusador y seguir adelante. Pero, si hemos cometido un error, podemos arrepentirnos y continuar; pues, aunque el enemigo tuviera razón, sabemos que Dios no nos condena, y esto nos da la libertad de volvernos a Él para que disipe toda duda que pueda quedar. Dios quiere dar muerte a la condenación; pues Él no desea que estemos bajo yugo, sino que seamos libres. Su anhelo es que la paz gobierne nuestras vidas, ayudándonos a mantener el equilibrio.

En ocasiones, cuando alguien se siente acusado, quizás no sea su conciencia tratando de convencerlo de pecado, sino que puede tratarse del efecto residual de algún problema del pasado. Un buen ejemplo es el de una niña cuyo padre era alcohólico y siempre la humillaba, diciéndole cosas terribles todo el tiempo. Como resultado, creció sintiendo que era una inservible y que no valía nada. Ahora es una preciosa joven que ama al Señor y tiene una hermosa familia, pero a causa de ese sentimiento de culpa, ella no hace nada para sí misma.

Por ejemplo, no se compra nada para ella, no se toma vacaciones y tampoco se permite ningún gusto. A lo largo de los años hemos discutido este tema y, a decir verdad, ha progresado un poco, pues se está dando cuenta de que la autonegación desmesurada no es la voluntad de Dios para ella, sino el resultado de la forma en que fue tratada por su padre.

> Debemos tener sumo cuidado de no confundir los sentimientos con la dirección de Dios.

Después de descubrir que su conciencia está limpia delante del Señor, aún le resulta difícil hacer algo agradable para sí misma. Cuando sale de compras, a veces pone cosas en su carro, y luego vuelve a colocarlas en la estantería. Su esposo le pregunta: "¿Por qué pones eso de vuelta en la estantería? Pensé que lo necesitabas". Pero si ella siente que puede prescindir de eso, lo pone otra vez en su lugar.

Después de años de caminar con Dios, aún siente que no merece cosas lindas porque no es digna de ellas. Aunque su conciencia la aprueba, su mente no se pone de acuerdo con ésta a causa de las situaciones de su pasado. Pero en lo profundo de su alma, ella sabe que Dios quiere bendecirla.

Quise compartirles su historia porque hay mucha gente que se identifica con ese sentido de culpa. Como explicamos anteriormente, ese sentimiento no es necesariamente la voz de la conciencia que les habla. Debemos tener sumo cuidado de no confundir los sentimientos con la guía de Dios. Él quiere que disfrutemos la vida.

En situaciones similares a ésta, aprendí a no guiarme simplemente por mi mente o mis sentimientos, sino que me acostumbré a tomar un momento para discernir lo que hay en lo profundo de mi espíritu, donde está el Espíritu de Verdad, quien, si esperamos en Él, nos guiará a toda verdad.

Entiendo la razón por la cual algunas personas pierden el equilibrio en este aspecto y sienten que ser feliz está mal.

Cuando yo era niña, cada vez que me estaba divirtiendo, me hacían sentir culpable. A los niños no se nos permitía disfrutar nada y si parecía que nos estábamos divirtiendo, se nos decía: "¿Qué están haciendo? ¡Vengan acá! ¡No precisan jugar!"

Como crecí en un hogar abusivo, debí tratar con muchas culpas. Pero leyendo y estudiando la Palabra, aprendí la verdad respecto de la convicción cuando hemos ofendido a Dios, y de lo que Él espera de mí. Logré entender que Dios no quiere que me sienta culpable por las cosas que me sucedieron y que no pude evitar.

Durante años sentí que todo cuanto debía hacer en mi vida era trabajar, trabajar y trabajar. En tanto trabajaba, en tanto obtenía algún logro y hacía lo que los demás esperaban de mí, no me sentía culpable.

Pero esa voz no expresaba el equilibrio de Dios para mí. Puede gustarnos trabajar, pero nuestra conciencia puede estarnos diciendo que lo dejemos y vayamos a divertirnos. Si escuchamos a nuestra conciencia, iluminada por el Espíritu Santo, nos dirá que nos relajemos y que disfrutemos de ese momento.

Nunca voy a olvidar cuando mis hijos insistían para que fuera a mirar una película con ellos, y me decían: "Mami, ¡ven! No necesitas trabajar todo el día y orar el resto del tiempo. Sabemos que amas a Dios. Ven a mirar esta película con nosotros. Preparemos unas palomitas de maíz y vamos a divertirnos".

Finalmente, llevé mi cuerpo hasta allí, lo senté en el sofá, comí palomitas y miré una película con mis hijos. También tomamos gaseosa, y todo estaba muy bueno; pero yo me sentía culpable, y pensaba: *Vamos, Joyce, la gaseosa es dietética, las palomitas son de bajo contenido graso y la película es de Disney. ¿De qué te sientes culpable?*

Por supuesto, no era mi conciencia la que me hacía sentir culpable; eran esas viejas heridas de mi infancia. Si le hubiera preguntado a Dios, hubiese sabido que no estaba mal dedicar tiempo a estar con mi familia. No está mal tomarme un día libre, divertirme o jugar golf con mi marido. No hay nada de malo en todo esto; pero yo no podía sacudirme el sentimiento de culpa, por la manera en que había sido criada.

Las personas que tienen mayor dificultad para obedecer a sus conciencias, por lo general son inseguras porque fueron abusadas. No saben quiénes son en Cristo porque tienen gran temor de que su Padre, Dios, se enoje con ellos. No gozan de libertad porque viven en una prisión, en una caja pequeñita, sintiéndose mal respecto de cada paso que dan. Jesús dijo: "Yo he venido para que tengan vida, y para que *la* tengan *en* abundancia" (ver Jn 10:10, LBLA). Deja de consultar con tu cabeza y con tus sentimientos, y comienza a consultar con el Espíritu Santo en tu interior. Debes pelear contra todo lo que no sea de Dios.

Una conciencia sensible te encaminará por la senda que lleva al verdadero gozo en el Espíritu Santo. Resiste la culpa y la condenación, y resiste sentirte mal respecto de cada paso que des, acercándote más a Dios.

He aprendido a pedirle a Dios que simplemente me diga si estoy haciendo algo mal, y en muchas oportunidades el Señor me dice: "Haz todo lo que está en tu corazón, porque estoy contigo en todo lo que haces. Ve y pasa un rato agradable. Que tengas un lindo día. El trabajo pendiente estará aquí cuando regreses".

Un día Dave me pidió que jugáramos al golf, y comencé a negarme, pero luego pensé: *¿Por qué no?* Yo sabía que Dios quería que fuera con Dave ese día y, aunque Él no quiere que sea perezosa ni que descuide mis responsabilidades, tampoco desea que yo sienta que el trabajo es todo cuanto hay en la vida.

De hecho, me llevó años aprender a descansar, ya que era adicta al trabajo e incluso me enfermé más de una vez por hacerlo en exceso y no descansar. Aunque estaba llevando a cabo la "obra del reino", no podía ignorar las leyes divinas del descanso sin pagar la multa. Me ha sorprendido la buena salud que he podido disfrutar desde que aprendí a descansar adecuadamente y a no sentirme culpable por ello.

La Biblia nos insta a permanecer firmes en la libertad con que Cristo nos hizo libres y a no someternos otra vez al yugo de esclavitud (ver Gl 5:1). Si anhelamos vivir en libertad, debemos estar decididos a hacerlo. Cada vez que nos demos vuelta para mirar atrás, el diablo intentará hacernos sentir culpables.

Muchas personas fueron tan dañadas emocionalmente, que se sienten culpables respecto de casi todo, porque tienen un falso sentido de culpa y de responsabilidad. Yo era una de esas personas, y tal vez tú también estés dentro de esta categoría. Si es así, ¿qué se puede hacer?

> ## El Señor realmente desea que disfrutes tu vida.

De acuerdo con Isaías 61:1, Jesús murió para abrir las puertas de la cárcel y liberar a los cautivos. Esta Escritura se refiere a la prisión del pecado, la culpa y la condenación. Jesús murió para que nuestros pecados, junto con todo sentimiento de culpa y condenación, pudieran ser perdonados y quitados por completo.

> "Mas Él fue herido por nuestras transgresiones, molido por nuestras iniquidades. El castigo, por nuestra paz, *cayó* sobre Él, y por sus heridas hemos sido sanados" (Is 53:5, LBLA).

Este pasaje nos muestra que Jesús murió por nuestro pecado y nuestra culpa, y no es su voluntad que quedemos atrapados en ninguno de los dos. Si eres como yo fui, y necesitas ser libre de un falso sentido de culpa, comienza a orar específicamente para lograr equilibrio en esa área, además de estudiar lo que la Biblia dice acerca de tu derecho a la libertad.

Estudia el amor de Dios y aprende que Él sí desea que disfrutes tu vida; algo que es imposible cuando estás continuamente cargado de culpa. Por supuesto, debemos sentir tristeza por nuestros pecados, pero la Biblia dice que hay un tiempo para llorar y un tiempo para reír (ver Ec 3:1, 4). "El llanto puede durar toda la noche, pero a la mañana vendrá el grito de alegría" (Sal 30:5, LBLA).

Es normal sentirse culpable en el momento en que tomamos conciencia de que hemos ofendido a Dios o lastimado a otra persona. Pero incurrimos en un exceso cuando seguimos sintiéndonos culpables después de habernos arrepentido de nuestra falta y de creer que Dios nos ha perdonado.

He escrito algunos otros libros que te serán de ayuda en esta área. Hay dos que me gustaría recomendarte, y son *Root of Rejection* (La raíz del rechazo) y *How to Succeed at Being Yourself* (Cómo tener éxito en ser tú mismo). Lo más importante que te animo a hacer es tomar la decisión de que, bajo ninguna circunstancia, te resignarás a vivir con esos sentimientos de culpa que te hacen infeliz y no te permiten disfrutar la vida.

Dios jamás nos habla para hacernos sentir mal respecto de nosotros mismos, puesto que la verdadera convicción piadosa es algo positivo que nos lleva a un mayor nivel de santidad. En cambio, la condenación del diablo nos aplasta bajo una pesada carga para que ni siquiera podamos oír a Dios. Tenemos que resistir al diablo, y podemos hacerlo por medio de la oración:

> *Padre:*
> *Tu Palabra dice que Tú quieres que disfrutemos de nuestra vida para que nuestro gozo sea completo en Ti. El ladrón viene para matar, robar y destruir, pero Jesús vino para que yo pudiera tener y disfrutar la vida, y tenerla en abundancia, al máximo y hasta que sobreabunde. Gracias, Señor.*

Te pido, Padre, que pueda gozar de equilibrio en mi vida y estar lleno de gozo. Dame una conciencia sensible para oír tu voz. Dame libertad para disfrutar de la gente, del trabajo, de mi familia y, lo más importante, de mi relación contigo. Amén.

Preguntas para reflexionar

1. ¿Hay algo que los demás hacen pero que Dios te ha dicho a ti que no hagas? ¿De qué se trata? ¿Has permanecido firme en lo que Él te dijo? ¿Qué puedes hacer para lograrlo?

2. En tu vida, ¿hay alguien que sea como hierro que afila el hierro? ¿Qué puedes hacer para cultivar ese tipo de relación?

3. ¿Eres tú como el hierro que afila el hierro en la vida de otro? ¿De quién? ¿En qué formas puedes desarrollar aún más esta parte de tu vida?

4. ¿Tienes alguna relación de amistad que Dios te está guiando a cortar? ¿Estás andando obedientemente?

5. ¿Puedes pensar en algo que hacías o que solía ser un hábito cinco años atrás, y que no soñarías con repetir en el presente porque Dios te habló al respecto? ¿En qué consistía? ¿De qué manera trató Dios contigo?

6. ¿En que forma hace nuestra obediencia que seamos de bendición para los que nos rodean?

7. ¿Te sientes culpable respecto de algo de tu pasado? ¿Es un falso sentido de culpa? Si es así, ¿cómo? Pasa tiempo en oración pidiéndole a Dios que te ayude a vencer ese sentimiento de culpa.

8. ¿Qué te está guiando a hacer Dios en respuesta al mensaje de este capítulo?

9

Podemos conocer sólo en parte

=

Hay veces en que no podemos ver a través de la oscuridad que parece cernirse sobre nosotros. En esos momentos de resistencia y paciencia, es cuando nuestra fe resulta exigida al máximo, y aprendemos a confiar en Dios aunque no podamos oír su voz.

Podemos crecer en nuestro nivel de confianza hasta el punto en el cual "conocer" es aun mejor que "oír". Como suelo decir, tal vez no sepamos qué hacer, pero es suficiente con conocer a Aquel que lo sabe. A todos nos gusta recibir dirección específica; sin embargo, cuando no la tenemos, el saber que Dios es fiel e invariablemente leal a sus promesas, y que prometió estar *siempre* con nosotros, es alentador y nos ayuda a mantenernos firmes hasta que Él considere oportuno hablarnos más específicamente (ver 1 Co 1:9, Mt 28:20).

Dios ha dicho: "Conduciré a los ciegos por un camino que no conocen, por sendas que no conocen los guiaré; cambiaré delante de ellos las tinieblas en luz y lo escabroso en llanura. Estas cosas haré, y no las dejaré *sin hacer*" (Is 42:16, LBLA).

La palabra hebrea traducida como "ciego" en este versículo es usada tanto literal como figurativamente. [1] Muchos gozan de un cien por ciento de visión natural, pero están espiritualmente ciegos —y sordos. Si sientes que sólo estás tropezando en la oscuridad sin saber qué hacer, te animo a que te apropies esa promesa dada por Dios en Isaías. Dios quiere transformar tus tinieblas en luz; Él ha determinado hacerte el bien y jamás te dejará abandonado.

Muchos cristianos memorizan Proverbios 3:5-6, que dice: "Confía en el Señor con todo tu corazón, y no te apoyes en tu propio entendimiento. Reconócele en todos tus caminos, y él enderezará tus sendas" (LBLA). Pero tienden a olvidar que la confianza es para tiempos en los que no pueden recibir respuesta tan pronto como desearían.

No es necesario *confiar* en Dios cuando tenemos total comprensión y conocimiento de lo que Él está haciendo a nuestro favor.

La palabra hebrea traducida como "confiar" en el versículo 5 significa ser valiente, confiado, sereno y seguro.[2] La confianza nos hace falta en los momentos en que, por alguna razón, no oímos a Dios tan claramente como querríamos.

Antes de oírlo a Él, debemos aprender a depender de su carácter, su capacidad y su poder durante los tiempos en que no podemos oírlo. Si confiamos en Él durante esas épocas, Dios promete que nos mostrará el camino que debamos tomar.

En la vida todos disfrutaremos (y sufriremos) una combinación de tiempos en los que estamos seguros de algo en un área en la que hemos buscado la dirección de Dios, pero inseguros en otra. Siempre tendremos nuevas tentaciones para enfrentar; pero debemos aprender a depositar *toda* situación en las manos del Señor, aun cuando Él parezca hacer silencio.

Dios le prometió a Abraham que bendeciría a sus herederos, y nosotros somos herederos según la promesa, por fe en la gracia de Dios por medio de Jesucristo (ver Gl 3:29): "Los gentiles son, junto con Israel, beneficiarios de la misma herencia, miembros de un mismo cuerpo y participantes igualmente de la promesa en Cristo Jesús mediante el evangelio" (Ef 3:6, NVI).

La verdad de la Palabra escrita de Dios es una fuente de esperanza para nuestras almas cuando son cegadas momentáneamente por las repentinas tormentas de la vida. Siempre podemos oír a Dios a través de su Palabra escrita, que nunca variará o fluctuará en el propósito que tiene para con nosotros. Aunque su Palabra no hable *específicamente* a nuestra situación, sí nos habla acerca del carácter de Dios, y nos dice que Él siempre nos cuidará y que abrirá camino para nosotros.

> Dios promete que nos mostrará el camino que debemos tomar.

La Palabra enseña que nuestro conocimiento es fragmentario, incompleto e imperfecto. En parte conocemos y en parte profetizamos (ver 1 Co 13:9-10), lo cual me indica que nunca llegará en mi vida o la tuya el momento en que podamos decir: "Sé todo acerca de todo lo que necesito saber. Ahora tengo todas las respuestas para mi vida y no hay nada más que necesite saber".

¡Tal vez haya alguno de nosotros que crea que lo sabemos todo! Pero conocemos en parte, y es por eso que necesitamos de la confianza sin importar cuánto Dios nos diga, o cuán claramente nos hable. Él nos *guía*; no nos empuja. Dios no nos entrega un mapa para luego enviarnos solos; lo que quiere es que pongamos nuestros ojos en Él y le sigamos de a un paso a la vez. Paso a paso. Paso a paso.

Dios nos guía dando un paso a la vez

Abraham aprendió a confiar en que Dios lo guiaría a dar un paso a la vez. Su historia de fe comienza en Génesis 12:1: "Y el SEÑOR dijo a Abraham: Vete de tu tierra, de *entre* tus parientes y de la casa de tu padre, a la tierra que yo te *mostraré*" (LBLA).

Dios le indicó a Abraham el primer paso, no el segundo.

145

Básicamente le dijo que no le indicaría cuál era el siguiente paso hasta que no hubiera dado el primero. Esto es tan simple, y a la vez, tan profundo: Dios nos guía *dando un paso a la vez.*

Quizás tú seas como muchos otros, que rehúsan dar el primer paso hasta entender el segundo, el tercero, el cuarto y el quinto. Si es así, espero que seas inspirado a avanzar en el plan de Dios para tu vida y a confiar en Él decidiéndote a dar el primer paso. Si logras entender que su voluntad se revela de a un paso a la vez, esto te ayudará a fortalecer tu confianza para hacer lo que ya sabes que debes hacer. Después de que hayas dado los primeros pasos, tu fe aumentará al darte cuenta de que siempre hay suelo firme debajo de cada paso que Dios te ordena que des.

Cuando Dios le habló a Abraham, le pidió que diera un paso difícil. Le dijo: "Abraham, recoge tu tienda, deja este país que conoces bien, deja a tu familia y a todos tus parientes, y ve adonde yo te guíe. Confía en Mí, esto es para tu beneficio".

> Con frecuencia, la fe requiere acción.

Quizás en ese momento Abraham no sintió que mudarse pudiera ser ventajoso para él. En la Biblia no hay evidencia alguna de que estuviera descontento o que tuviera problemas con sus parientes. Quizás se llevaba muy bien con ellos. Pero Dios le dijo que recogiera todas sus cosas y fuera al lugar que le mostraría.

Cuando obedecemos a Dios, somos bendecidos. La gente pierde bendiciones porque no obedece lo que Dios le ha dicho claramente que haga. Dios traza un buen plan para nuestras vidas, y nos muestra el camino que debemos seguir; nosotros debemos caminar en esa dirección. En ocasiones Dios es tan misericordioso como para cargarnos parte del camino, pero llega el momento en que eso se acaba, y dice: "¡Ahora camina!"

Dios quiere un cuerpo formado por gente que le obedezca, y que lo haga rápidamente; no quiere que discutamos con Él durante tres o cuatro semanas antes de decidirnos a hacer cualquier pequeñez. Quiere que confiemos en Él y demos el primer paso que nos está llamando a dar.

La gente suele orar pidiendo una "gran fe", sin entender que la fe crece a medida que apretamos el paso para hacer cosas en las que no tenemos ninguna experiencia o que quizás no entendemos totalmente. Yo no creo que nadie se convierta automáticamente en una persona de gran fe; la fe se hace grande a través de la experiencia y se desarrolla a medida que se la usa.

En Lucas 17:5 los apóstoles le dijeron al Señor: "Auméntanos la fe" (LBLA). Jesús les respondió como se registra en el versículo 6: "Si tuvierais fe como un grano de mostaza, diríais a este sicómoro: 'Desarráigate y plántate en el mar'. Y os obedecería" (LBLA).

Creo que lo que Jesús quería decir era: "Si ustedes tuvieran fe, estarían haciendo algo". Una de las maneras de liberar nuestra fe es haciendo algo, pues la fe con frecuencia requiere acción. En esta situación los apóstoles no estaban haciendo nada, pero querían tener una gran fe.

Hay momentos en que Dios no quiere que actuemos, sino que esperemos que Él lo haga.

Sin embargo, también la confianza es activa antes que pasiva. Deberíamos confiar activamente en Dios, orando y confesando su Palabra en nuestra situación mientras esperamos que Él actúe en nuestro favor.

Abraham se convirtió en un hombre de gran fe al dar pasos de obediencia, aunque no entendía totalmente lo que se le estaba pidiendo que hiciera.

Dios tuvo que tratar conmigo un año antes de que estuviera dispuesta a dar un paso de fe y obedecerle respecto del ministerio que ahora estamos desarrollando. No es que estuviera desobedeciendo a propósito, sino que quería estar realmente segura de estar haciendo lo correcto; de que realmente estaba oyendo a Dios, y no yendo por mal camino. Era una decisión importante, y el temor estaba luchando contra mi fe.

Dios me habló de algunas cosas relativas al futuro de mi ministerio. En ese tiempo estaba trabajando en el equipo de una iglesia y tenía lo que consideraba ser una muy buena posición. Sin embargo, tenía sueños y visiones que sentía que venían de Dios, de realizar en el ministerio otras cosas, y que jamás lograría si me quedaba allí.

Dios me estaba hablando de dejar mi trabajo y llevar mi ministerio al norte, al sur, al este y al oeste. Incluso recibí varias palabras de confirmación de parte de otros que ni siquiera sabían que Dios me estaba hablando. Además, durante un tiempo mi esposo me había estado diciendo que sentía que yo debía dar un paso hacia cosas nuevas y ver lo que Dios haría. Pero yo tenía temor de dar ese paso hacia lo desconocido.

Finalmente, tuve que ser obediente, dejar mi posición segura y dar ese paso hacia lo desconocido para averiguar lo que Dios haría después. Yo había oído a Dios decirme: "Esta etapa de tu vida está completa, he terminado contigo en este lugar". Sentía una mezcla de entusiasmo y temor; quería irme, pero no quería arriesgarme a perder lo que tenía. Estoy segura de que a esta altura sabes de lo que estoy hablando.

A veces Dios termina algo, pero nosotros no hemos terminado. Mi espíritu quería dar ese paso, pero mi carne quería permanecer donde estaba. Ya había establecido lazos espirituales con la gente de la iglesia, y me gustaba la seguridad de saber que recibiría regularmente un cheque y que tendría un lugar donde ministrar. Pero debía estar dispuesta a invertir lo que tenía para alcanzar lo que Dios había planeado para mi futuro.

No fue fácil obedecer, pero Dios me recordó la promesa que le hizo a Abraham: "Haré de ti una nación grande, y te bendeciré; haré famoso tu nombre, y serás una bendición" (Gn 12:2, NVI).

Podemos leer esa promesa y decir: *¡Oh, aleluya!* Pero no podemos olvidar que Dios demandó de Abraham un sacrificio de obediencia para recibir lo prometido. Tuvo que dejar el lugar donde estaba, el lugar en que estaba cómodo y seguro. Tuvo que dejar a su padre y a todos sus parientes, y comenzar a moverse por fe hacia el lugar que Dios le había dicho que le mostraría.

¿Se preocupó Abraham al respecto? Hebreos 11:8 dice: "Por la fe Abraham, cuando fue llamado para ir a un lugar que más tarde recibiría como herencia, obedeció y salió sin saber adónde iba" (NVI). Abraham sencillamente comenzó a moverse por fe.

Finalmente, yo también obedecí a Dios. Me gustaría poder decir que, como Abraham, mi mente no se inquietó respecto a dónde iría, pero honestamente ese no fue el caso. Ahora teníamos que organizar reuniones semanales en el área de St. Louis, Missouri, para reemplazar la que teníamos en la iglesia donde trabajaba.

Queríamos ser obedientes a lo que creíamos que Dios nos había dicho, que era "llevar mi ministerio al norte, al sur, al este y al oeste". Sin embargo, nadie quería alquilarnos un lugar para las reuniones. Tuvimos que ser diligentes y perseverar por un tiempo que parecía ser eterno, aunque en realidad no fue tanto.

> # El diablo se aprovechó de nuestra falta de experiencia.

Fuera del área de St. Louis nadie nos conocía, así cuanto supimos hacer fue ir al norte, al sur, al este y al oeste en St. Louis. Finalmente alquilamos un lugar en un centro de banquetes en cada zona, y celebrábamos reuniones o semanales o mensuales. Aunque habíamos dado el primer paso de obediencia, aun teníamos que perseverar.

Yo esperaba que, en respuesta a mi obediencia, Dios se moviera milagrosamente en muchos aspectos, pero las cosas no ocurrieron así. Al mirar atrás, sé que sucedió lo adecuado, aunque en aquel momento no podía verlo. Por lo general, vemos con mayor claridad y comprendemos mejor al mirar hacia atrás, que cuando estamos atravesando las situaciones.

Tantas veces oímos "no hay lugar disponible" que resultaba desalentador. Como siempre lo hace, el diablo se aprovechó de nuestra falta de experiencia en estas áreas y solía decirnos que habíamos cometido un error y que seguramente nos pondríamos en ridículo.

Dave tenía una fe mayor que la mía, y reiteradamente me alentó a seguir adelante. Finalmente, encontramos un lugar para tener todas nuestras reuniones, las cuales tuvieron éxito y sentaron las bases para el comienzo de nuestro ministerio "Vida en la Palabra".

Ahora vamos hacia el norte, el sur, el este y el oeste por todo el mundo. De hecho, estoy escribiendo esta sección del libro, mientras regreso de una importante convención de "Vida en la Palabra" que se realizó en África, en la que tuve el privilegio de estar en televisión enseñando la Palabra de Dios.

Me gusta ver o leer biografías de personas que han tenido éxito en el ministerio, en el espectáculo, o en los negocios. Sin excepción, la mayoría de ellos ha pagado "su derecho de piso", por así decir. O sea, que en los primeros años de su búsqueda, tuvieron que estar muy resueltos a no darse por vencidos ni abandonarlo todo, y soportaron muchos fracasos antes de alcanzar el éxito.

Ocasionalmente vemos lo que yo llamo "estrellas fugaces", gente que se eleva rápidamente hasta la cumbre de su profesión sin atravesar las dificultades de los primeros tiempos, pero normalmente no dura mucho. Surge de la nada y desaparece con igual rapidez. El carácter se desarrolla durante los tiempos de dificultad; nuestro llamado y nuestros deseos son probados cuando se nos dice que no una y otra vez, y pese a todo mantenemos nuestra determinación.

Me contaron que Abraham Lincoln se postuló como candidato para varios cargos públicos, y fue derrotado en varias oportunidades antes de ser electo para el cargo de presidente de los Estados Unidos. Muchos se habrían dado por vencidos, pero no él. Tomás Edison, el inventor de la luz eléctrica, realizó el experimento sin resultado unas mil veces antes de lograr el éxito.

Sólo la gente con determinación tiene éxito. El sólo haber dado un paso de fe no significa que nos evitaremos el resto del proceso, pues usualmente Dios construye con lentitud y solidez, no con prisa y fragilidad.

No tengas temor de cometer un error

Como he dicho, cuando dejé ese lugar para obedecer a Dios, yo temía estar cometiendo un terrible error, y en muchas ocasiones discutía con Dios: "¿Y si estoy equivocada? Señor, tengo un buen trabajo aquí. Tengo un buen ministerio en esta iglesia, he estado aquí durante cinco años y las cosas van bien. Dios, ¿y si estoy equivocada? Si lo estoy, ¡voy a perder todo aquello por lo cual trabajé estos cinco años!"

He aprendido que, cuando estamos en una situación en la cual debemos obedecer, frecuentemente no tenemos manera de cerciorarnos, por medios naturales, de si estamos o no en lo correcto. No tenemos nada sino nuestra fe para ayudarnos a dar ese primer paso. No sabremos con seguridad que lo que estamos haciendo es lo correcto hasta después de haberlo hecho, cuando miremos hacia atrás para ver si Dios estuvo allí para ungir nuestros esfuerzos.

A veces podemos estar equivocados. Como el sólo pensarlo nos asusta, nos decimos: *Mejor será que me quede aquí que estoy seguro.* Pero si lo hacemos, pronto nos sentiremos infelices, si realmente Dios nos había dicho que avanzáramos.

He descubierto que si tenemos un corazón recto, y hacemos lo mejor que podemos cuando oímos su voz, Dios nos librará de nuestro error y honrará nuestros pasos de obediencia. Si nos movemos con la confianza de un niño para obedecer lo que creemos en nuestro corazón que Dios nos mandó hacer, aunque esa decisión fuera equivocada, Dios tomará ese error y lo usará para nuestro bien. Su Palabra dice que todas las cosas resultan para el bien de quienes aman a Dios y son llamados según sus planes y propósitos (ver Ro 8:28).

Muchos tienen miedo de avanzar porque piensan que Dios se enojará con ellos si cometen un error. Pero es aquí donde resulta vital confiar en su carácter para caminar por fe. La gente que tiene tanto temor a obedecer es ya tan infeliz, que su situación no podría empeorar si da un paso para tratar de cumplir lo que Dios le está diciendo que haga.

Yo amaba mi trabajo en la iglesia. No lo dejé porque quisiera irme, sino porque la unción de Dios ya no estaba conmigo en ese lugar, y me sentí muy desdichada hasta que le obedecí. Me di cuenta de que sólo encontraría paz poniendo a prueba lo que yo creía que Él me había dicho, pues era la única forma de saber si había entendido bien o mal lo que le había oído decirme.

Así que ahora te exhorto a ti con esta verdad: ¡No te pases la vida aferrándote a tu seguridad! La seguridad es muy cómoda, pero puede estar impidiéndote alcanzar el propósito que Dios tiene para ti.

Recuerdo una oportunidad en que me estaba esforzando mucho para oír a Dios, y tenía miedo de equivocarme. Esto me sucedió poco después de recibir el bautismo y la llenura del Espíritu Santo, y cuando recién comenzaba a oír a Dios. Ser guiada por el Espíritu Santo era algo nuevo para mí, y tenía temor, porque no contaba con experiencia suficiente como para saber si realmente oía la voz de Dios o no.

Yo no entendía que, si nuestros corazones son rectos, Dios nos rescata de nuestros errores. Él estaba tratando de hacerme dar un paso adelante en algo, y yo no cesaba de decir: "Señor, ¿y si me equivoco? ¿y si me equivoco? ¿y si me equivoco? Oh, Señor, ¿y si me equivoco?"

Él respondió simplemente: "Joyce, no te preocupes; si te equivocas, Yo te encaminaré". Esas palabras, que guardé en mi corazón, me infundieron valor para hacer lo que creía que Dios me estaba diciendo que hiciera, y desde entonces me han alentado a dar pasos de fe en muchas ocasiones.

> Tienes que arriesgarte, dar un paso y creer.

Si anhelas la voluntad de Dios para tu vida más que cualquier otra cosa, si has hecho todo lo posible para oír a Dios, entonces tienes que arriesgarte, dar un paso y creer.

Tal vez no se trate de una decisión tan importante como la que yo estaba tratando de definir entonces, o como la que Abraham tuvo que tomar. Tal vez lo que Dios ha puesto en tu corazón para hacer sea un asunto menor, pero sea lo que fuere, se aplica el mismo principio: Él nos guía paso a paso. Su guía es progresiva. Podrás saber adónde Dios quiere que vaya, dando un paso a la vez.

La dirección de Dios puede parecer ilógica

En mis conferencias suelo pedir a la gente que levante su mano si sabe que no ha dado el paso de fe que Dios le puso delante. Cientos de personas levantan la mano en confesión. Están esperando ver el plan completo de Dios, pero ver el resultado antes de obedecer no requiere fe: "La fe es la garantía de lo que se *espera, la certeza de lo que no se ve*" (Heb 11:1, NVI). La fe agrada a Dios; pero esa certeza está en nuestro corazón, no en nuestras circunstancias. Una vez que vemos en nuestras circunstancias una manifestación de lo que anhelamos, ya no necesitamos fe en esa área.

Tardé mucho tiempo antes de obedecer a Dios y dejar mi trabajo anterior para comenzar nuestro ministerio. Es una decisión seria soltarse de una cuerda sin ver todavía la próxima que debemos asir. Es irracional, y nuestras mentes luchan contra eso. Yo esperé, y esperé, y esperé, aunque Dios me estuviera dando toda clase de confirmaciones de que había oído su voz.

Esto me hace pensar en una mujer que ha viajado con nosotros para hacer interpretaciones especiales de música. Ella se congregaba en una gran iglesia y servía en el equipo de alabanza, además de estar fuertemente involucrada en el ministerio a las mujeres. Pero Dios comenzó a poner en su corazón que dejara todas esas cosas y le dijo: "Ya no quiero que sigas haciendo esto. Necesitas pasar más tiempo conmigo." Esta mujer no entendía lo que Dios estaba haciendo, pero Él le pidió que dejara, una a una, las responsabilidades que tenía.

Ella estaba haciendo muchas cosas que bendecía a la gente pero, al mismo tiempo, creía que Dios tenía otras todavía mejores y mayores. Esas cosas no estaban sucediendo, y no sucederían hasta que obedeciera a Dios. Tuvo que dejar ese buen lugar donde estaba para alcanzar un llamado más alto.

Pronto se encontró sentada en su casa, sin hacer nada, sin ministerio, en cierto modo, sola. Dios le habló, diciendo: "Comienza a asistir a las reuniones de Joyce". Esta mujer tenía cuatro hijos pequeños, uno de siete, otro de cinco y dos gemelos de tres años de edad. Y tenía que conducir durante cuarenta y cinco minutos para llegar a nuestras reuniones. Pero Dios le dijo que viniera.

Yo ya sabía quien era, puesto que había dirigido las alabanzas en algunos servicios especiales que habíamos celebrado en nuestra iglesia de origen; también sabía que tenía una voz excelente, pero Dios no puso en mi corazón pedirle que cantara para nosotros.

Después de casi seis meses de ver su fiel compromiso para asistir a nuestras reuniones, le dije: "Si vas a estar aquí permanentemente, ¿quieres cantar y ministrar?" Me respondió: "Realmente no vine con el propósito de cantar en tus reuniones; simplemente sentí que Dios me dijo que estuviera aquí. Quería escuchar buenas enseñanzas, así que vine". Pero me dijo que cantaría cuando nosotros nos sintiéramos guiados a incluirla. Al principio, lo hizo una vez cada varios meses, pero Dios nos guió paso a paso al plan que tenía para ella. Yo había estado orando por una persona que viajara con nosotros para hacer interpretaciones especiales de música. Y Dios nos la envió.

Esta mujer tenía un sueño y una visión, aunque no sabía cómo podría acomodar Dios las cosas para poder viajar, teniendo cuatro hijos pequeños, pero es asombroso lo que Dios puede hacer cuando está listo. Fueron dos años de fidelidad y de rehusarse a abandonar su sueño, antes de que Dios la condujera al cumplimiento de su promesa, ubicarla en el lugar que deseaba su corazón, pero perseveró y siguió a Dios paso a paso hasta que el plan que tenía para ella se hizo realidad.

Todos debemos aprender a "estar firmes" hasta que la promesa de Dios se cumpla. Si esta mujer se hubiera apegado al lindo ministerio que tenía, nunca habría avanzado para ver cumplido el deseo de su corazón, como finalmente lo vio estando con nosotros. Cometemos el error de aferrarnos a cosas buenas que nos impiden alcanzar otras mejores que Dios tiene en mente para nosotros. La mujer de quien les hablé trabajó algunos años en nuestro ministerio, y luego dio otro paso más, esperando que Dios hiciera cosas aun mayores a través de su vida. Sí, llegamos a nuestro destino dando un paso a la vez, no todos al mismo tiempo.

Algo que antes fue la voluntad de Dios quizás no siga siendo su voluntad para siempre, pues Él actúa progresivamente, y nos guía a lugares más altos. Dios nos poda y recorta cosas que ya no dan la clase de fruto que Él desea que demos (ver Jn 15:1-8). Por lo general este proceso es doloroso y no resulta fácil de entender, pero es necesario para que crezcamos hasta llegar a ser los creyentes fructíferos en Cristo Jesús que Él quiere que seamos.

A veces estamos tan absortos y entregados a lo que

estamos haciendo que no oímos cuando Dios nos dice que avancemos o que salgamos de allí. Estamos tan ocupados que no tenemos un momento para examinar la raíz de nuestros sentimientos de insatisfacción. Recuerdo que estaba cada vez más insatisfecha con mi puesto en la iglesia, pero me hallaba tan afanada haciendo mi tarea, que no me detuve a ver por qué me sentía así.

Dios usó a mi pastor para motivarme a buscar a Dios. Según él dijo, advertía que algo no andaba bien en mí. Un día vino a mi oficina y me dijo: "Joyce, ¿Qué te pasa? Pareces muy distante e indiferente a lo que sucede en la iglesia".

De mi boca salieron estas palabras: "Bueno, tal vez ya no debo seguir aquí". Las palabras me conmocionaron; no podía creer que hubiera dicho lo que acababa de oírme a mí misma decir. Me doy cuenta de que ese pensamiento había estado presente en mi espíritu desde hacía tiempo, pero el sólo pensarlo me daba tanto miedo que lo reprimía, ignorando el sentir que Dios estaba poniendo en mi corazón.

Aunque al principio mi pastor no quería que me fuera, Dios lo usó para despabilarme. Después de orar y esperar a oír lo que Él dijera, estuvimos de acuerdo en que era tiempo de que yo saliera de ese lugar y descubriera lo que Dios quería hacer en mi vida.

Dios me estaba hablando, pero yo estaba tan ocupada que no le prestaba atención. Te aliento a que no cometas el mismo error que yo. Dedica tiempo a escuchar a Dios, y cuando sinceramente crees que te está hablando, da los pasos de obediencia que Él requiere.

Y recuerda que el progreso demanda inversión. Yo tuve que entregar, o "invertir" el trabajo que tenía. La mujer que finalmente llegó a cantar en nuestras conferencias tuvo que "invertir"

> Dedica tiempo a escuchar a Dios.

el trabajo que tenía y pasar casi un año simplemente permaneciendo fiel antes de que el Señor le diera directivas más específicas. Dios toma todo aquello que estemos dispuestos a dejar por Él, y lo devuelve multiplicado de una forma más grande y maravillosa de lo que jamás podríamos imaginar.

Sé diligente en escuchar y obedecer

Si anhelamos que la voluntad de Dios opere en nuestra vida, debemos ser diligentes y continuar realizando lo que nos ha mostrado que debemos hacer, hasta que Él nos diga: "No lo hagas más".

Ahora tenemos un gran ministerio, pero hace muchos años que venimos transitando este camino desde que empezamos. Ni siquiera podría empezar a describir todos los pasos que hemos dado para estar donde estamos hoy. Paso a paso obedecimos la voz de Dios, haciendo las cosas que Él nos había ordenado, aunque fueran difíciles de hacer. Quise darme por vencida dos o tres mil veces, y lloré tanto que mis lágrimas podrían haber llenado una pileta de natación.

Pero el plan de Dios se desarrolló de a un paso a la vez. Seguir a Dios es como escalar una montaña: Si Él nos mostrara cuán alta es realmente la montaña que quiere que escalemos, podríamos tener miedo de dar el primer paso. Podríamos argüir que no estamos listos, que no estamos preparados en absoluto para llegar hasta la cumbre. Entonces Dios cubre la cima con una nube, y lo único que podemos ver es el paso que tenemos por delante.

Ese primer paso parece realizable, y lo damos. Y luego damos otro más, y otro, y otro, hasta que un día nos encontramos en la cumbre de la montaña sin siquiera darnos cuenta de hacia dónde nos dirigíamos. Entonces, nos sentimos felices de haber comenzado el viaje.

He dedicado tiempo a afirmar en tu corazón este mensaje de confianza porque creo que es vital para entender por qué Dios requiere fe para cada paso. Quizás pienses que no estas oyéndolo porque no puedes ver el cuadro completo, pero confía en que te mostrará todo lo que necesitas para el día de hoy. Haz lo que tienes delante para hacer, y aunque no lo oigas perfectamente, Dios honrará tu obediencia y llevará a cabo todo el plan que tiene para ti.

Me acuerdo de cierta mujer que se me acercó quejándose de que no podía oír a Dios, y de que Él no le hablaba aunque ella lo buscaba respecto de ciertas cuestiones. Dios me dijo que no tenía sentido que Él le hablara de otra cosa, hasta que ella hiciera lo último que le había dicho, y cuyo cumplimiento seguía pendiente.

En el plan de Dios para nosotros no podemos saltear los pasos que no nos agradan y continuar con otros, ni tampoco podemos eludir los pasos más difíciles o los que demandan sacrificio. Repito: seguir el plan de Dios para nuestra vida requiere inversión.

Debemos sacrificar nuestra *voluntad propia* para alcanzar la *voluntad de Dios*; debemos sacrificar *nuestros caminos* para encontrar *sus caminos*. No temas al sacrificio; a la larga, nos hace libres para ser todo lo que anhelamos ser.

Preguntas para reflexionar

1. ¿Qué significa confiar en Dios?

2. ¿Confías en Dios en todo momento? ¿Estás confiando en Él en las circunstancias presentes? ¿Existen áreas en las que necesitas confiar más en Él? ¿Cuáles son?

3. ¿Qué podrías hacer para confiar más en Dios? ¿Qué pasajes de la Escrituras puedes usar para lograrlo?

4. ¿Cuál es ese pasito que recientemente Dios te dijo que des? ¿Te estás resistiendo porque no te ha dicho todo el plan?

5. ¿En qué forma la acción libera fe? ¿Lo has experimentado en tu propia vida?

6. Al presente, ¿hay algo en tu vida que debes invertir para poder avanzar? ¿Hay algún sacrificio que tengas que hacer para encontrar Su camino?

7. ¿Qué te está guiando a hacer Dios en respuesta al mensaje de este capítulo?

10

Dios abre y cierra
las puertas de la oportunidad

=

Todos necesitamos oír a Dios cada día, respecto a diferentes asuntos, pero hay momentos críticos de nuestra vida en los que nos hace falta especialmente estar seguros de que estamos oyendo con claridad a Dios. Él quiere hablarnos, pero debemos tener cuidado de no tener una mentalidad cerrada respecto a *cómo* tiene que hacerlo. He señalado anteriormente en este libro que Dios tiene muchas maneras a través de las cuales puede hablarnos, pero sea cual fuere, promete que dirigirá nuestros pasos.

No siempre resulta fácil estar seguros de si estamos oyendo a Dios o a razonamientos teñidos por nuestras emociones. Algunos dicen que les llevó años aprender a oír a Dios, pero yo creo que eso ocurre porque no hubo enseñanza clara sobre cómo se comunica Él con su pueblo. Dios desea que sepamos que está dispuesto a guiarnos y a conducirnos como el buen pastor conduce a sus ovejas. Él nos hablará directamente al corazón, pero si somos sordos a su voz, encontrará otra forma de dirigirnos.

A veces Dios habla abriendo o cerrando una puerta de

algo que queremos hacer. El caso de Pablo y Silas es un buen ejemplo: ellos intentaron ir a Bitinia para predicar el evangelio y ministrar a la gente, pero el Espíritu Santo no se los permitió (ver Hch 16: 6-7). No sabemos exactamente cómo ocurrió eso; es posible que simplemente perdieran la paz. Yo interpreto que realmente intentaron ir a esa provincia de Asia Menor, y de alguna manera Dios se los impidió.

Dave y yo sabemos por propia experiencia que Dios puede abrir puertas de oportunidades que nadie puede cerrar, y también puede cerrar puertas que no podemos abrir de ningún modo. Yo le pido a Dios que abra sólo las puertas por las que Él quiere que entre. Puedo pensar sinceramente que algo es correcto, mientras que en realidad es lo contrario; por lo tanto, dependo de Dios para que cierre las puertas por las que intento pasar, si estoy equivocada. "La mente del hombre planea su camino, pero el Señor dirige sus pasos" (Pr 16:9, LBLA).

Pasé muchos años de mi vida intentando organizar lo que quería hacer; el resultado fue frustración y desaliento.

Ahora sé depender de Dios para que Él me abra puertas que estén de acuerdo con su perfecto plan. Él nos dará gracia y nos facilitará las cosas cuando busquemos su voluntad y su oportunidad.

Cuando le escribió a la iglesia de Filadelfia, el apóstol Juan, inspirado por el Espíritu Santo, dijo: "El Santo, el Verdadero, el que tiene la llave de David, el que abre y nadie cierra, y cierra y nadie abre" (Ap 3:7, LBLA).

A veces, la única forma de descubrir la voluntad de Dios es practicar lo que yo llamo "dar un paso y descubrir". Si he orado respecto de una situación y parezco no saber lo que debería hacer, entonces doy un paso de fe. Dios me mostró que confiar en Él es como pararse delante de la puerta automática de un supermercado. Podemos estar parados y observar la puerta todo el día, pero no se abrirá a menos que demos un paso adelante para accionar el mecanismo que la abre.

Hay momentos en la vida en los que debemos dar un paso adelante, hacia un lado o hacia otro, para descubrir lo que deberíamos hacer. Algunas puertas nunca se abrirán a no ser que demos un paso hacia ellas. Otras veces damos un paso y vemos que Dios no abre la puerta. Si confiamos en su guía, y la puerta se abre fácilmente, podemos estar plenamente seguros de que nos está conduciendo a aprovechar esa oportunidad que tenemos delante. En 1 Corintios 16:9 el apóstol Pablo afirmó que Dios les había abierto una puerta grande a él y a sus compañeros, y también mencionó que había muchos adversarios; así que no debemos confundir la oposición con una puerta cerrada.

Pablo y sus colaboradores Silas y Bernabé no se quedaron sentados esperando tener una visión o que se les apareciera un ángel mientras oraban buscando la dirección de Dios. Ellos dieron pasos en la dirección que intuían que era correcta. En muchas oportunidades Dios sí abría la puerta, pero otras veces la cerraba. Esto no los desanimó, y no tenían ningún temor de estar errando a la voluntad de Dios, pues eran hombres de fe y de acción. Ellos también sabían retroceder rápidamente cuando resultaba evidente que Dios no les estaba permitiendo seguir sus propios planes.

> Algunas puertas nunca se abrirán a no ser que demos un paso hacia ellas.

Evalúa tus posibilidades

Con frecuencia la gente se pregunta: "¿Cómo encuentro mi ministerio?" Algunos pasan muchos años paralizados esperando oír una voz o recibir alguna clase de dirección sobrenatural. Yo les aconsejo que den un paso y lo descubran, como dije antes. En los primeros años de mi andar con

Dios, yo deseaba servirle. Sentía que había puesto un llamado en mi vida, pero no sabía exactamente qué hacer. Al ser una persona de carácter decidido, comencé a probar diferentes actos de servicio.

Por ejemplo, trabajé en la guardería infantil de la iglesia y rápidamente me di cuenta de que *no* había sido llamada al ministerio con los niños. También me involucré en el ministerio de la calle, y aunque lo hice fielmente durante un tiempo, realmente no tenía la gracia para eso, y me di cuenta de que tampoco tenía llamado a servir en ese campo. Sin embargo, cobraba vida en mi interior cuando se me presentaba la oportunidad de compartir la Palabra a cualquier nivel. Experimentaba gozo al enseñar, y era obvio que era buena haciéndolo.

Dios nos da a cada uno dones para ministrar a otros. No creo que nos llame a hacer cosas que nos disgustan o que nos resultan una carga, lo cual no significa que no vaya a pedirnos que hagamos cosas que no deseamos particularmente hacer, pero Dios nos dará la gracia para hacerlo cuando demos un paso adelante y lo probemos.

No te pases la vida teniendo tanto miedo de cometer un error que finalmente te quedes sin hacer nada. Recuerda: *no se puede conducir un automóvil estacionado*. Necesitas ponerte en movimiento si quieres que Dios te muestre el camino que debes tomar. Él nos guía un paso a la vez; si das un paso adelante, y vas en dirección equivocada, Él te lo hará saber antes de que llegues demasiado lejos. Da un paso y descubre cuáles son las puertas que Dios abrirá y cuáles cerrará.

Hay veces en que es mejor hacer *algo*, antes que estar sin hacer nada. La fe actúa aunque sea insegura; sin fe es imposible agradar a Dios. El ejemplo de Pablo y Silas, que intentaron ir a Bitinia y el Espíritu Santo se los impidió, me cambió la vida. Tomando este ejemplo bíblico, ya no tuve más miedo de dar pasos, puesto que sabía que podía confiar en que Dios no me permitiría ir a sitios que no estaban dentro de su plan para mí.

Un misionero que conozco acudió a un hombre sabio para pedirle consejo respecto de lo que debía hacer, y le explicó que sabía que tenía llamado al campo misionero, pero no tenía idea adónde ir. ¿Debería ir a la India, a África, a México? También le comentó que en ocasiones oraba y veía rostros negros; otras veces, veía rostros rojos o amarillos. Este hombre estaba esperando recibir dirección de Dios, pero lo había hecho por un largo, largo tiempo.

Entonces el hombre sabio le dijo: "Bueno, hermano, haz algo, no sea que te quedes sin hacer nada". Yo creo que este fue un buen consejo, y motivó a este misionero a dar un paso y descubrir dónde estaba su gracia para servir, el sitio que lo llenaba de paz. Cuando en nuestra vida hay un llamado a ministrar al resto del cuerpo, no tendremos paz mientras permanezcamos quietos.

No quiero conducirte a conclusiones erróneas. Hay ciertas ocasiones en las que debemos esperar en Dios, orar y no actuar de inmediato. Pero hay otras en que la única manera de descubrir la voluntad de Dios es dando un paso en fe. Al principio, yo daba pasos de bebé, y me di cuenta de que esos cortos pasos no nos causarán mayores problemas en caso de estar equivocados.

Podemos probar las aguas. Así como ponemos el pie en el agua para ver si el agua está fría o templada, también podemos dar un corto paso hacia lo que creemos que Dios quiere que hagamos para ver si la senda es cálida y atractiva u oscura y fría. Te animo a que des un paso; si Dios abre la puerta, entonces da otro paso. Si la cierra, entonces retrocede, e intenta avanzar en otra dirección, o espera un tiempo. Pero no dejes de orar y volver a intentar.

> Hay veces que la única manera de descubrir la voluntad de Dios es dando un paso de fe.

Cuando Dave y yo sentimos que Dios nos estaba llamando

a iniciar el ministerio televisivo, comenzamos a dar pasos para alcanzarlo. No podíamos hacerlo sin dinero, entonces lo primero que hicimos fue escribirle a la gente de nuestra lista de correspondencia, pidiéndoles a nuestros amigos y colaboradores del ministerio que nos apoyaran financieramente para ayudarnos a iniciar el ministerio televisivo. Nosotros sentíamos que Dios había puesto en nuestro corazón una determinada suma de dinero que necesitaríamos para empezar, y fue exactamente la que reunimos.

Luego dimos el siguiente paso: contratamos un productor, que Dios también tuvo que proveer. Un hombre había solicitado trabajo como productor de televisión tres meses antes de que Dios nos hablara, y le dijimos que no teníamos un ministerio televisivo, por lo que no podríamos utilizar sus servicios. De pronto nos acordamos de este hombre, y comprendimos que Dios nos había provisto de un productor aun antes de que supiéramos que lo necesitábamos.

Lo próximo que hicimos fue comprar espacios en varias estaciones una vez por semana. Como dejaban utilidades, y vimos buen resultado, compramos más. Finalmente, llegamos a tener espacios diariamente, y ahora tenemos un programa diario que se transmite en todo el mundo y que da ayuda espiritual a millones de personas.

Al comienzo dimos pasos de bebé. Aunque no nos guiamos por las circunstancias, no es equivocado ver si Dios muestra su favor en ciertas situaciones para conducirnos de alguna manera.

Los caminos de Dios no son nuestros caminos

Hay ciertas cosas que Dios debe hacer para que salgamos adelante. Podemos manejar algunas cosas, pero no todas. Por ejemplo, Dave y yo no podíamos producir un programa de televisión y comenzar a transmitirlo sin tener dinero, y como no teníamos manera de conseguir el suficiente por nuestros propios medios, Dios tuvo que proveerlo. Si habiendo escrito a nuestros amigos y colaboradores, no hubiéramos tenido respuesta, no podríamos haber dado el siguiente paso. Esta fue una circunstancia en la que Dios tenía que intervenir.

Con frecuencia le enseñamos a la gente a no prestar atención a sus circunstancias, y esa enseñanza tiene valor. Caminamos por fe, no por vista o sentimientos (ver 2 Co 5:7). Sin embargo, hay ciertas cosas que Dios *debe hacer* primero para que podamos realizar nuestro llamado.

Supongamos el caso de una mujer que ora y siente que debería trabajar para colaborar con los gastos de la familia. Decide conseguir un trabajo, pero como tiene dos hijos pequeños, si no encuentra una niñera no puede ir a trabajar. Esta es una situación que Dios debería acomodar para que ella pudiera avanzar. Si yo estuviera en su lugar, y no encontrara a nadie para cuidar de mis hijos, dudaría que salir a trabajar, fuera la respuesta de Dios para mi vida en ese momento.

En 1977 Dios me dijo que dejara de trabajar y me preparara para el ministerio al que sentía que Él me había llamado. A esas alturas, ya sabía que quería enseñar la Palabra de Dios alrededor del mundo, pero Dios sabía que necesitaba prepararme pasando tiempo a solas con Él. En el trabajo que tenía ganaba un buen sueldo y gozaba de muchos beneficios. Quería obedecer a Dios, pero tenía miedo de que no nos alcanzara el dinero. Finalmente renuncié al trabajo a tiempo completo y conseguí uno de medio tiempo.

Dios no me había dicho que consiguiera un puesto de medio tiempo, me había dicho que *dejara* de trabajar y confiara en su provisión. Cada mes teníamos cuarenta dólares menos de lo que necesitábamos para pagar las cuentas. Si yo no trabajaba, no contaríamos con ningún dinero para gastos extras como las reparaciones del automóvil, ropa o imprevistos.

Así que compartí un trabajo con otra mujer; una semana

me tocaba trabajar dos días, y la siguiente, tres días. Pensé que este arreglo me dejaba el tiempo suficiente para prepararme para el ministerio, sin darme cuenta de que una parte importante de la preparación consistía en depender totalmente de Dios y ser liberada de mi naturaleza autosuficiente. Yo podía atender mis propias necesidades y también proveer para mí misma, pero tuve que aprender un nuevo modo de vida.

Nada parecía ir bien en este nuevo trabajo. Cuando tocaba algún aparato, se descomponía. Además, me sentía incómoda y rechazada por los otros empleados. Entonces comenzaron a suceder cosas inusitadas. Un día noté que la jefa de la oficina estaba fotocopiando páginas de un libro y le pregunté de qué se trataba. Ella me respondió: "Es mi libro de brujería".

Cuando tomé conciencia de la situación en que estaba, sentí que se me aflojaron las rodillas. Pensé: *Dios me puso aquí para ayudar a esta mujer*, así que traté de hablarle y convencerla de que sus caminos eran errados. Realmente vi una manifestación demoníaca en el rostro de esa mujer, y su piel se tornó de un amarillo horrible, y de pronto adquirió una expresión perversa. Desde ese día en adelante, mi situación sólo empeoró. Yo trabajaba en una máquina en que llevaba la contabilidad, y continuamente se descomponía, pero nadie podía encontrar la falla. Cuando los demás operadores la manejaban, funcionaba sin problemas, pero cuando yo la utilizaba, no.

Un día la jefa vino y me dijo: "Joyce, ¡estás despedida!" Yo no era la clase de persona que despidieran; siempre se me había conocido como una buena trabajadora y una empleada dedicada. Sin temor a equivocarme, puedo decir que Dios cerró esa puerta. Yo le había desobedecido consiguiendo un empleo a medio tiempo y Dios no está interesado en la obediencia a medias. Puesto que era desobediente, Satanás me condujo a lo que se proponía ser una trampa para mi vida y posiblemente el fin de mi ministerio, incluso antes de haberlo comenzado.

¡Haber sido despedida no era algo que podía ignorar! Dios obró por medio de esa circunstancia para dejarme bien en claro que Él no quería que yo trabajara en nada, excepto en la tarea de prepararme para el ministerio.

Dios se probó a sí mismo a Dave y a mí, proveyéndonos de manera sobrenatural mes tras mes durante seis años. En esos primeros tiempos de preparación y de enseñar en estudios bíblicos hogareños, teníamos continuamente necesidades financieras, y vimos la fidelidad de Dios de primera mano. Recuerdo que cierta vez necesitaba zapatillas para mis hijos y encontré pares nuevos en una venta de garaje por sólo veinticinco centavos. También me hacían falta paños para lavar los platos, y una amiga vino a casa y me dijo: "Espero que no pienses que estoy loca, pero sentí que Dios me dijo que te trajera una docena de paños para lavar platos". Esos años fueron duros pero maravillosos, ¡porque aprendimos a confiar en Dios!

No sugiero que nos guiemos sólo por las circunstancias. También deberíamos tomar en cuenta la paz y la sabiduría, que son formas importantes en las que podemos oír a Dios. En otras palabras, cuando fui despedida de mi empleo de medio tiempo, podría haber seguido buscando otro trabajo, pero no tenía paz al respecto. Estoy segura de que la primera vez tampoco tenía paz, sólo que ignoré el hecho porque no estaba lista para depender totalmente de Dios.

> Dios no está interesado en la obediencia a medias.

Guiarse sólo por las circunstancias puede, definitivamente, acarrearnos serios problemas. Satanás puede acomodarlas tan bien como Dios lo hace, porque el diablo tiene acceso a este ámbito natural. Por lo tanto, si solo tenemos en cuenta las circunstancias sin considerar las otras formas de oír a Dios, esto puede conducirnos a engaño.

Sabemos que no podemos ir en contra de la Palabra de

Dios. Debemos ser guiados por la paz y caminar en sabiduría. Es sencillo hacer un rápido "chequeo interno" para verificar el nivel del barómetro de la paz en nuestro corazón antes de confiar en las circunstancias para que nos dirijan. Con todo, no podemos ignorarlas totalmente como una de las formas en que Dios nos habla.

La manera más segura de oír a Dios es combinar los métodos bíblicos de ser guiados por el Espíritu Santo, y permitir que los unos nos sirvan como reaseguro de los otros. Una mujer puede desear compartir el trabajo con un hombre casado porque se siente fuertemente atraída hacia él, y hasta quizás piense que es la voluntad de Dios que ellos estén juntos. Pero por supuesto, este pensamiento es erróneo, porque la Palabra de Dios condena claramente el adulterio, incluso el codiciar a alguien en el corazón. De acuerdo con la Palabra de Dios, ambicionar lo que pertenece a otro es pecado.

Satanás puede acomodar las circunstancias para colocar continuamente a esta mujer con el hombre hacia el que se siente atraída, y ella tal vez comience a creer equivocadamente que Dios los está poniendo juntos. Después de todo, el hombre le confió que está teniendo problemas con su esposa.

> **Debemos estar agradecidos que sus caminos no sean nuestros caminos.**

El deseo intenso (lascivia) fácilmente puede engañar a la gente. Si esta mujer sólo se guía por las circunstancias, puede arruinar rápidamente su vida. Si compara sus circunstancias con la Palabra de Dios, sabrá que no debe prestarles atención.

Nuestro hijo mayor David, que está a cargo de nuestro Departamento de Misiones Mundiales, hace poco vino a pedirme consejo respecto de a quién debía contratar para un puesto que tenía vacante. Él sentía que Dios deseaba que le ofreciera el trabajo a alguien a quien él no elegiría naturalmente. David trató de ocupar el puesto con varios candidatos que aparentemente estaban calificados, pero uno por uno todos rechazaron el trabajo. Y dijo: "*Parece* que Dios quiere a la persona a la que yo no habría elegido".

Dios ha dicho en su Palabra: "Porque mis pensamientos no son vuestros pensamientos, ni vuestros caminos mis caminos" (Is 55:8, LBLA).

La persona que Dios puso en el corazón de David fue la única verdaderamente interesada en el trabajo. Supimos que este era otro ejemplo en el que Dios nos ayudaba a oírlo abriendo o cerrando puertas. Dios no siempre asigna una tarea o un trabajo a la persona más calificada: por lo general, la actitud de corazón de una persona es más importante que su experiencia o sus credenciales, especialmente cuando se trata de posiciones ministeriales.

He descubierto que a veces Dios parece no ser razonable, porque lo que Él elige no siempre tiene sentido para nosotros; no siempre encaja en el molde de la razón. Tenemos tendencia a querer que las cosas tengan sentido, pero Dios quiere que aprendamos a ser guiados por nuestra confianza en Él, y no por nuestro entendimiento.

Debemos estar agradecidos que sus caminos no sean nuestros caminos. Mi vida habría resultado pésima, si en muchas oportunidades Dios hubiera hecho las cosas a mi manera. Es sabio que oremos: "Que sea tu voluntad, Señor, no la mía". Con frecuencia le digo al Señor lo que me gustaría tener, pero concluyo diciendo: "Sin embargo, si sabes que no es bueno para mí, por favor no me lo des".

Sus pensamientos están por encima de los nuestros; Él ve el fin desde el principio, y todos sus caminos son justos y seguros. En lo natural podemos pensar que algo tiene sentido, pero quizás de ningún modo sea lo que Dios desea. Tú y yo podemos oír a Dios claramente. Sólo necesitamos aplicar las pautas establecidas en su Palabra, y así no seremos engañados.

Preguntas para reflexionar

1. ¿Respecto a qué quieres oír a Dios? Sé específico.

2. ¿Has intentado dar un paso de fe sólo para ver que Dios cerraba la puerta? Describe tu experiencia. ¿Te animó esa experiencia a intentar dar pasos en fe con mayor frecuencia, sabiendo que Dios dirigirá tus pasos mientras confías en Él? ¿Te sentiste desalentado en alguna forma a causa de esa experiencia?

3. ¿Tienes el hábito de evaluar tus posibilidades? Describe alguna experiencia en la que lo hayas hecho.

4. ¿Hay alguna área en tu vida en que estás obedeciendo a medias? ¿Qué es lo que te está impidiendo ser totalmente obediente? Pide fortaleza para realizar ese ajuste.

5. ¿Te está hablando Dios por medio de tus circunstancias presentes? Si es así, ¿qué te está diciendo?

6. ¿En qué áreas le estás pidiendo algo a Dios, pero todavía necesitas afirmar que sus caminos y sus pensamientos no son tus caminos y tus pensamientos? ¿Está cada área de tu vida sometida a su Señorío?

7. Si nos parece que Dios no es razonable, ¿eso nos da derecho a desobedecer lo que Él dijo? ¿Cómo te arreglas con la aparente irracionalidad de Dios?

8. ¿Qué te está guiando a hacer Dios en respuesta al mensaje de este capítulo?

11

Obstáculos para oír a Dios

=

Algunas personas me han dicho: "Bueno, a mí Dios no me habla". Pero estoy convencida de que lo más probable sea que ellos nunca escuchan, o que se han insensibilizado a la voz de Dios. Él intenta hablarnos por medio de su Palabra, las evidencias naturales, la revelación sobrenatural y la confirmación interna, las cuales hemos desarrollado en los capítulos anteriores.

No obstante, existen obstáculos para oír la voz de Dios que quizás necesiten ser quitados de nuestro corazón.

Una de las razones por las que no oímos su voz es por estar demasiado ocupados, como he mencionado. Tanto que no tenemos siquiera un momento para oírle. Inclusive podemos estar demasiado atareados con actividades religiosas. En mis primeros años de caminar con el Señor, estaba muy entusiasmada y ansiosa de servirle, así que me involucraba en todo lo que pudiera llegar a parecerme remotamente interesante. El fruto de esos intentos fue que no tardé en descubrir aquello para lo que *no* tenía unción. Es mejor intentar hacer algo, que no hacer nunca nada; al menos, ese proceso de eliminación nos ayuda a descubrir nuestras habilidades, lo que nos agrada hacer y lo que no.

Yo puedo pararme frente a miles de personas y ministrar la Palabra sin sentirme incómoda en absoluto. Pero cuando estaba evaluando mis diferentes posibilidades ministeriales, rápidamente supe que no tenía la unción para trabajar con los niños, y ellos mismos coincidían conmigo. También me sentía *extremadamente* incómoda al trabajar en el ministerio de la calle. Ir de puerta en puerta, o acercarme a alguien en la calle para tratar de ministrarle eran cosas con las cuales no me sentía a gusto.

Eso me hacía sentir mal porque pensaba que era una cobarde o que tenía miedo de lo que la gente pudiera pensar de mí, pero desde entonces aprendí que hay personas que tienen el don y el llamado para cada cosa. Conozco gente que fue llamada a predicar en la calle, y se sienten tan cómodos haciéndolo como yo me siento con lo que Dios me llamó a hacer.

> Él quiere
> mi atención,
> no sólo
> mis obras.

Aquellos días en los que intentaba diferentes formas de servir, fueron buenos en algunos aspectos, puesto que comencé a descubrir dónde estaba mi unción. Me encantaba enseñar en estudios bíblicos. Veía buenos frutos y eso me entusiasmaba; a decir verdad, no parecía un trabajo en lo absoluto. Pero cuando me tocaba hacer otras cosas para las que no tenía unción, no sucedía de esa manera.

Mi muy ocupada vida tenía también el inconveniente de que no dedicaba tiempo a ser realmente sensible a la voz de Dios. Como resultado, en ocasiones terminaba malogrando mi tiempo en "obras de la carne." Este tipo de obras son aquellas cosas que hacemos sin que el poder de Dios fluya a través de nosotros, por lo que nos resultan difíciles, nos agotan y no nos producen satisfacción. Puede que se trate de cosas buenas, pero Dios no nos mandó hacerlas.

Recuerdo una ocasión en la que me sentía muy orgullosa y

engreída porque estaba "trabajando para Dios". Pero el Señor me dijo: "Estás trabajando *para* mí, pero no pasas tiempo *conmigo*". Este pensamiento me hizo reflexionar seriamente y me di cuenta de qué era lo realmente importante para Dios y qué no. Él quería mi atención, no sólo mis obras.

La gente puede, literalmente, agotarse realizando actividades religiosas en su lucha por servir a Dios bajo la ley en vez de buscar una relación íntima y dialogada con el Señor. Jesús dijo que su yugo es fácil y su carga, ligera (ver Mt 11:30). Todo aquel que se sienta cansado y agotado de la obra que está haciendo para Dios, probablemente dedica mucho tiempo a servir y poco tiempo a sentarse a los pies del Señor para oír lo que Él quiere decirle (ver Lc 10:38-42).

Muchos cristianos aún se encuentran bajo la ley del Antiguo Testamento y se están perdiendo los beneficios de la dispensación de la gracia del Nuevo Testamento. No olvidemos que fuimos llamados a una relación, no a una actividad religiosa sin ésta.

Las ideas religiosas nos impiden oír a Dios

Yo creo que la actividad religiosa puede impedirnos oír a Dios. Déjame explicar lo que quiero decir con el término "religioso". Hoy en día es ampliamente usado, y podría parecer descortés si no explico lo que significa para mí. Las personas religiosas son generalmente aquellas que siguen fórmulas y hacen buenas obras para ganarse el favor de Dios, pero que no tienen una relación íntima y personal con Él. Dios no es el que inicia las obras religiosas; estas son hechas para Dios y, por lo general, sin Dios.

Jesús no murió para que tuviéramos una religión; Él murió para que por su intermedio pudiéramos ser uno con Dios, para que pudiéramos disfrutar de una relación personal y profunda con el Dios Trino: Padre, Hijo y Espíritu Santo.

En realidad Jesús estaba muy molesto con los religiosos de

su tiempo. Se refirió a ellos como "sepulcros blanqueados llenos de huesos muertos" (ver Mt 23:27). Estos cumplían reglas y ordenanzas y establecían leyes para que los demás las cumplieran, pero ellos mismos no se ocupaban de las cuestiones más importantes, tales como ayudar a la gente con motivaciones correctas.

El siguiente pasaje de Mateo 23:23-28 muestra cómo se sentía Jesús respecto de la actividad religiosa. En él dice:

> "¡Ay de vosotros, escribas y fariseos, hipócritas!, porque pagáis el diezmo de la menta, del eneldo y del comino, y habéis descuidado los *preceptos* de más peso de la ley: la justicia, la misericordia y la fidelidad; y éstas son las cosas que debíais haber hecho, sin descuidar aquéllas. ¡Guías ciegos, que coláis el mosquito y *os* tragáis el camello! ¡Ay de vosotros, escribas y fariseos, hipócritas!, porque limpiáis el exterior del vaso y del plato, pero por dentro están llenos de robo y de desenfreno. ¡Fariseo ciego! Limpia primero lo de adentro del vaso y del plato, para que lo de afuera también quede limpio. ¡Ay de vosotros, escribas y fariseos, hipócritas!, porque sois semejantes a sepulcros blanqueados, que por fuera lucen hermosos; pero por dentro están llenos de huesos de muertos y de toda inmundicia. Así también vosotros, por fuera parecéis justos a los hombres, pero por dentro estáis llenos de hipocresía y de iniquidad" (LBLA).

Los escribas y fariseos eran los más religiosos de su tiempo; con todo, no agradaban a Dios, quien siempre ha estado más interesado en la condición del corazón de las personas que en las obras de sus manos.

Los religiosos establecen reglas para mostrar lo que ellos creen que es una señal de santidad, intentando lograr que los demás las cumplan. Son legalistas y rígidos, no comprenden que la santidad es el resultado de un corazón transformado, lo cual es fruto de pasar tiempo a solas con Dios.

Si no somos sensibles a la misericordia de Dios, y si no somos misericordiosos con los demás, nos tornaremos insensibles a la voz de Dios. Las personas legalistas tienen cierta manera de hacer las cosas, y creen que quien no vive como ellos está equivocado.

Jesús tiene empatía por los que han sido abusados por la ley religiosa y oprimidos por esa clase de liderazgo religioso, y quiere ver a la gente sanada y restaurada para que sepa que Dios es bueno, que está lleno de misericordia, y que es paciente, tardo para la ira y dispuesto a perdonar.

Dios da abundantemente su gracia, la cual es el poder que Él nos concede para ayudarnos a hacer lo que no podemos lograr por nuestros propios medios. Cuando nos indica que hagamos algo, no nos deja desprovistos; nos da lo que necesitamos para llevarlo a cabo.

Cuando Jesús dijo: "Vengan a mí todos ustedes que están cansados y agobiados" (Mt 11:28, NVI), se estaba dirigiendo a personas que estaban sufriendo de desgaste espiritual. Él anhela confortar a los que están frustrados en sus esfuerzos por servir y sienten que han fracasado. En la iglesia de hoy hay miles y miles de personas que se encuentran en esta condición de exceso de trabajo y mala alimentación. La gente quiere disfrutar de una relación poderosa con Dios, y han hecho todo lo que la llamada religión les dijo que hicieran, pero terminan sintiéndose vacíos.

> Si no somos sensibles a la misericordia de Dios, nos tornaremos insensibles a su voz.

En su deseo de agradar a Dios, han reemplazado la *búsqueda* de Dios por el *trabajo* para Él. Dios quiere que hagamos las obras del reino, cosas que Él nos *guía* a realizar; pero no quiere que estemos ocupados en actividades religiosas creyendo que Él se complace con sacrificios que nunca nos pidió hacer. ¿Cómo podemos hacer las obras de Dios si no hemos dedicado tiempo a oírle decir que las hagamos?

La Biblia dice que tenemos que nacer de nuevo (ver Jn 3:1-8); allí no se expresa que debamos ser religiosos, sino que debemos permitirle a Jesús entrar en nuestras vidas y que se siente en el trono de nuestro corazón para reinar y gobernar sobre cada paso que demos. Cuando nos dice que vayamos en cierta dirección, también nos dará el poder que necesitamos para hacer lo que nos mandó. Él jamás va a decir: "¡Sólo hazlo!", sino que siempre nos equipará para cumplir la tarea.

El mayor obstáculo para oír a Dios es intentar acercársele por medio de las obras en lugar de hacerlo por medio de una relación personal con Él, naciendo de nuevo y gozando diariamente de su compañerismo. Podemos asistir a la iglesia durante años y hacer cosas religiosas toda nuestra existencia, sin llegar a conocer a Jesús como Señor de nuestra vida.

Me asusta pensar que probablemente miles de los que hoy asisten a la iglesia cada domingo no irán al cielo. Como suelo decir: "Una persona no se convertirá en cristiana por asistir a una iglesia como tampoco se convertirá en automóvil por estar en un garaje".

En Mateo 7:20-23 la Biblia afirma que en el juicio habrá gente que dirá: "Señor, Señor, hicimos obras poderosas en tu nombre", y Él les responderá: "Jamás os conocí; APARTAOS DE MÍ, LOS QUE PRACTICAIS LA INIQUIDAD" (v. 23, LBLA). La gente puede realizar buenas obras, y al mismo tiempo hacer caso omiso de los mandamientos de Dios, si no toma tiempo para estar con Él y oír sus instrucciones.

Si no tienes la certeza de que has nacido de nuevo, si nunca has reconocido a Jesús como el Señor de tu vida, y si deseas tener una comunión íntima con Él para poder oír su voz, comienza esta nueva vida simplemente repitiendo esta oración con sinceridad:

Padre Celestial:

Amaste al mundo de tal manera que diste a tu Hijo unigénito para morir por nuestros pecados para que todo el que crea en Él no perezca, sino que tenga vida eterna. Tu Palabra dice que somos salvos por gracia mediante la fe, que es un regalo tuyo.

No podemos hacer nada para merecer la salvación.

Creo y confieso con mi boca que Jesucristo es tu Hijo y el Salvador del mundo. Creo que murió en la cruz por mí, cargando con todos mis pecados y pagando el precio, y que después lo resucitaste de los muertos.

Te pido que perdones mis pecados, y confieso a Jesús como mi Salvador. De acuerdo con tu Palabra ¡soy salvo y viviré contigo por la eternidad! Lléname con tu Espíritu Santo para que viva en mí y me guíe en tus caminos. Dame oídos sensibles para oír tu voz y seguirte de hoy en adelante. Gracias, Padre. ¡Estoy tan agradecido! En el nombre de Jesús. Amén.

Si ésta es la primera vez que oraste de este modo, te animo a leer los siguientes pasajes de la Escritura para confirmar en tu corazón la nueva relación con Dios que ahora tienes: Juan 3:16; Efesios 2:8-9; Romanos 10:9-10; 1 Corintios 15:3-4; 1 Juan 1:9; 4:14-16, y 5:1,12,13.

Dios te dará el poder y la fuerza que necesitas para servirle en justicia y santidad. Jesús no es un amo severo. En su Palabra dice:

"Venid a mí, todos los que estáis cansados y cargados, y yo os haré descansar. Tomad mi yugo sobre vosotros y aprended de mí, que soy manso y humilde de corazón, y hallaréis descanso para vuestras almas. Porque mi yugo es fácil y mi carga ligera" (Mt 11:28-30, LBLA).

Jesús estaba diciendo: "Yo soy bueno y mi sistema es

bueno; no es severo, cruel, estricto y agobiante". Las reglas religiosas pueden ser todo eso. Te frustras fácilmente porque no sabes cómo hacer para cumplir con todo lo que sientes que se espera de ti. Pero aquí Jesús te está diciendo: "Yo no soy así. Mi sistema no funciona de esa manera. No es severo, cruel, estricto y agobiante, sino que es consolador, misericordioso y agradable".

La religión nos dice lo que tenemos que hacer, pero no nos dice cómo. Si Dios no me diera el poder para llevar adelante un ministerio como Vida en la Palabra, sería algo sumamente complicado para mí. Pero no me resulta pesado; me siento cómoda llevando a cabo lo que Dios me capacitó para hacer. Si sólo estuviera intentando servir a Dios por convicción religiosa, y haciendo obras sin haber oído su voz, no estaría equipada con ninguna clase de poder para realizarlas.

Las reglas religiosas nos dejan desamparados y nos hacen sentir culpables cuando no podemos vivir a la altura de lo que se espera de nosotros. Es muy distinto cuando realizamos buenas obras por una indicación personal de parte de Dios, pues estamos motivados y capacitados para servirle.

Si alguien nos pregunta: "¿De qué religión eres?", deberíamos hablarle acerca de nuestra relación personal con Jesús, en lugar de decirle a qué iglesia asistimos.

Me gusta responder a esa pregunta con: "Gracias por preguntar. No tengo ninguna religión, pero sí tengo a Jesús". Necesitamos habituarnos a preguntarle a la gente: "¿Conoces a Jesús? ¿Es tu amigo? ¿Tienes una relación personal con Él?"

> La religión nos dice lo que tenemos que hacer, pero no nos dice cómo.

Jesús nos conduce hacia un lugar grato, confortable y placentero. Creo que es fácil servir a Dios si aprendemos a oírle *a* Él antes de esforzarnos en hacer cosas *para* Él, cosas que nunca nos pidió.

Antes de comenzar a ocuparte haciendo buenas obras, aparta

tiempo y busca a Dios para saber si esas obras son suyas y si Él te está guiando a hacerlas, o si simplemente tú tratas de hacer cosas en un esfuerzo por agradarle. Si descubres que estás envuelto en obras de la carne y que en tu vida no hay real unción de Dios para llevarlas a cabo, no temas dejarlas y búscalo a Él para que te muestre su propósito para tu vida.

Un corazón endurecido nos impide oír a Dios

Como ya hemos visto, en su Palabra Dios dice de su pueblo: "Yo les daré un solo corazón y pondré un espíritu nuevo dentro de ellos. Y quitaré de su carne el corazón de piedra y les daré un corazón de carne" (Ez 11:19, LBLA).

Cuando entregamos nuestra vida a Dios, Él pone un sentido de lo bueno y de lo malo en lo profundo de nuestra conciencia. Si nos rebelamos demasiadas veces contra ella, corremos el riesgo de que nuestro corazón se endurezca y, si eso sucede, necesitaremos que Dios lo ablande para poder ser espiritualmente receptivos a la dirección del Espíritu Santo.

Antes de comenzar mi verdadera comunión con Dios, yo tenía un corazón endurecido. Pero el estar habitualmente en su presencia creó dentro de mí ese nuevo corazón, que Jesús murió para que yo tuviera. Sin un corazón sensible al toque de Dios, no podremos reconocer las veces que Él nos habla. Sabemos que lo hace dulcemente, con voz suave y apacible, o con una amable convicción respecto de algún asunto.

Quienes están endurecidos y ocupados "en sus propios asuntos" no son sensibles a la voz de Dios. Yo estoy profundamente agradecida de Dios que haya ablandado mi corazón con su Palabra, porque un corazón endurecido no puede recibir las bendiciones que Él quiere dar.

Si tú no estás personalmente afectado por esto, quizás tienes que tratar con personas endurecidas y necesitas saber cómo orar por ellas. Como dije, ruego que mi conciencia permanezca sensible al Señor. Antes de comenzar a escuchar a Dios para que me guiara, yo podía tratar mal a alguien, y Dios tenía que tratar conmigo, y tratar conmigo, y tratar conmigo sobre el asunto antes de que admitiera que mi comportamiento había estado equivocado.

Ya no soy de esa manera; Dios me ha cambiado, porque Él se ocupa de cambiar a la gente. Ahora, cuando mi conciencia me insta a disculparme con alguien, actúo rápidamente para arreglar el asunto.

Mi hijo mayor también era como yo, y he visto cómo Dios lo cambió. Ahora tiene un corazón tan tierno que le encanta ministrar a gente que ha sido lastimada. Si hace o dice algo que cree que podría llegar a lastimar los sentimientos de alguien, apenas puede esperar para ir a pedirle disculpas.

Cuando hablamos de aprender a oír a Dios, no sólo significa escuchar lo que Dios nos dice que hagamos; a veces Él nos dice qué *no* debemos hacer. En otras palabras, si estamos actuando o comportándonos de una forma que no le agrada, debemos ser conscientes de que Él no está complacido y estar dispuestos a realizar un ajuste.

Dios cambia a la gente; es una promesa de su Palabra, y dice: "Les quitaré ese corazón de piedra que ahora tienen y les daré un corazón de carne" (ver Ez 36:26, NVI).

> Como hijos suyos, Dios nos da un nuevo corazón — su corazón.

Un corazón endurecido puede causarnos muchos problemas. Por ejemplo, Jesús dijo que no estaba a favor del divorcio porque es el resultado de la dureza de corazón (ver Mt 19:1-9). Yo también creo que la mayoría de los divorcios se deben a que uno de los cónyuges ha permitido que su corazón se endurezca de tal forma que no quiere esperar a que Dios cambie a su esposo o esposa, o también puede ser que una parte haya endurecido tanto su corazón que el otro cónyuge ya no soporte más la situación.

En nuestros primeros años de matrimonio, era sumamente difícil llevarse bien conmigo. Mi corazón estaba endurecido porque durante mi niñez había sido abusada en repetidas ocasiones. Si embargo, Dave tenía una buena relación con Dios y estuvo dispuesto a orar por mí y esperar que Él me cambiara, y oyó a Dios decir: "Ora y espera"; estoy eternamente agradecida que lo haya hecho.

Si ambos hubiéramos tenido el corazón endurecido, estoy segura de que hoy no estaríamos casados. Hay momentos en que el divorcio es la única respuesta a una situación, pero debería ser la excepción, no la regla. En la actualidad hay un alto índice de divorcios; aun he oído que el porcentaje es mayor entre los que se dicen cristianos que entre los inconversos —lo cual es algo muy triste. Como hijos de Dios, Él nos da un corazón nuevo —su corazón— y deberíamos aprender a ser más pacientes y compasivos, como Él es. Nos da su corazón para que finalmente aprendamos a representarlo, haciendo lo mismo que Él haría en cualquier situación dada.

Las personas de corazón duro destruyen matrimonios y amistades con demasiada rapidez, y así pierden la riqueza del plan y el propósito de Dios para sus vidas. Piensa solamente en lo que habríamos perdido Dave y yo si él se hubiera dado por vencido en esos primeros años. Pero no lo hizo y, gracias a las oportunidades ministeriales que Dios nos da, hoy estamos ayudando a millones de personas alrededor del mundo. De no haber permanecido fieles a Dios y el uno al otro, nos habríamos perdido esa bendición, y Dios tendría que haber elegido a algún otro.

Dios nos ruega que no endurezcamos nuestro corazón, indicándonos que se trata de una decisión por propia voluntad:

"Por lo cual, como dice el Espíritu Santo: Si oís hoy su voz, *no endurezcais vuestros corazones*, como en la provocación como en el día de la prueba en

183

el desierto" (Heb 3:7-8, LBLA, énfasis de la autora).

Cuando oímos a Dios, tenemos la posibilidad de responder con humildad y confianza, o de endurecer nuestro corazón e ignorarlo. Lamentablemente, mucha gente, cuando no consigue lo que quiere, o cuando pasa por pruebas y dificultades, decide permitir que su corazón se endurezca.

Eso es exactamente lo que les sucedió a los israelitas cuando viajaban por el desierto. Dios los guió hacia aquel lugar para demostrarles que los proveería, les haría el bien y que podían confiar en Él (ver Dt 8:2-3). Dios tenía grandes planes preparados para ellos, pero primero los probó para asegurarse de que realmente iban a creerle. Por eso nos dice que no endurezcamos nuestro corazón como lo hicieron ellos.

No permitas que las pruebas te amarguen; haz que te sirvan para ser mejor. En Hebreos 3:9-11 el Señor dice:

> "Donde vuestros padres me tentaron al ponerme a prueba, y vieron mis obras por cuarenta años. Por lo cual me disgusté con aquella generación, y dije: 'Siempre se desvían en su corazón, y no han conocido mis caminos'; como juré en mi ira: 'No entrarán en mi reposo'" (LBLA).

Por haber endurecido su corazón, los hijos de Israel fueron afectados por muchos problemas. No aprendían los caminos de Dios, lo que no les permitía mejorar progresivamente; en consecuencia, no pudieron entrar en el reposo de Dios. En los versículos 12 y 13 el autor de Hebreos dice:

> "Tened cuidado, hermanos, no sea que en alguno de vosotros haya un corazón malo de incredulidad, para apartarse del Dios vivo. Antes exhortaos los unos a los otros *cada día*, mientras todavía se dice: Hoy; no sea que alguno de voso-

tros sea endurecido por el engaño del pecado"
(LBLA, énfasis de la autora).

Las personas de corazón duro son rebeldes y no aceptan la
corrección. Además, les resulta difícil oír a Dios y tienen dificultades para relacionarse con los demás. Personas así no
están dispuestas a mirar desde el punto de vista de otros; no
entienden las necesidades ajenas y, por lo general, no les interesa hacerlo, porque son egocéntricas y no pueden ser
movidas a compasión.

A decir verdad, si consideramos todos los problemas que
resultan de un corazón endurecido, me parece sensato
comenzar a buscar fervientemente a Dios para que ablande el
nuestro y nos ayude a ser sensibles y dóciles a su toque,
receptivos a Él. Yo hice del tema de la sensibilidad al Espíritu
Santo materia de oración y de búsqueda. Quiero ser sensible
a los sentimientos y las necesidades de otros, y ser pronta
para reconocer cuando no me estoy comportando del modo
que Dios desea. Y me gustaría sugerirte que consideraras la
posibilidad de hacer lo mismo.

Arrepiéntete de toda actitud que Dios te haga ver que
demuestre dureza de corazón; pídele que te ayude y te
cambie en esa área. Tener mayor sensibilidad nos ayudará a
oír a Dios con claridad y presteza. Podemos ser cada vez
mejores cuando reconocemos que los caminos de Dios son
más altos que los nuestros, y le decimos: "Dios, quiero tu
voluntad en mi vida; enséñame tus caminos, oh Señor".

Un punto de vista mundano
nos impide oír a Dios

La Palabra de Dios nos enseña que, como creyentes, estamos
en el mundo pero no somos *de* este mundo (ver Jn 17:13-18),
lo cual significa que no debemos tener una visión mundana de
las cosas:

"Y no os adaptéis a este mundo, sino transfor-
maos mediante la renovación de vuestra mente, para
que verifiquéis cuál es la voluntad de Dios: lo que es
bueno, aceptable y perfecto" (Ro 12:2, LBLA).

Se requiere una vigilancia constante para no volvernos
como el mundo en nuestras actitudes y modo de obrar. El
ver excesiva violencia gráfica en forma de entretenimiento
puede cauterizar o endurecer nuestra conciencia. Hoy en día
muchos se han insensibilizado a los sufrimientos de la gente
real, debido a toda la violencia que se ve en el cine y en la
televisión. Algunos afirman que mirar escenas de violencia
no es un problema, porque "sólo es una película o un espectáculo televisivo y no está sucediendo en realidad", pero
igualmente nos afecta.

> **El aumento de sensibilidad nos ayudará a escuchar a Dios con rapidez y claridad.**

Podemos llegar al punto de no
tener empatía cuando oímos
relatos de tragedias reales o de
cosas terribles que les suceden a
otros. Cuando mi tío murió,
alguien le dijo a mi tía: "Bueno,
alabe al Señor de todos modos".
La incapacidad de esa persona
para identificarse con el dolor de
mi tía la lastimó en un
momento que, de por sí, ya era
de gran angustia. Esas fueron
palabras duras provenientes de un corazón insensible; no
eran las palabras compasivas de Dios.

Recuerdo que antes oír de una violación o de un asesinato
en las noticias vespertinas resultaba algo espantoso. Ahora, es
algo tan frecuente que apenas nos afecta emocionalmente.
Dave me contó que la primera vez que su familia se enteró de
que le habían robado al vendedor de diarios, fue una noticia
espantosa. El mundo ha cambiado tanto desde entonces, que
a un incidente como ese hoy se lo consideraría algo de

importancia secundaria, y tal vez ni siquiera se lo mencionaría.

Los medios de noticias con frecuencia dan informes negativos, en ocasiones con fríos relatos de sucesos trágicos, que muchas veces escuchamos impasibles. Hoy en día se oye de tanta violencia que apenas la notamos o le prestamos algo de atención. Esto es comprensible, pero no aceptable. La maldad es progresiva y continuará creciendo si no nos oponemos enérgicamente a ella.

Yo creo que todo esto es parte del plan global de Satanás para el mundo: y quiere que tengamos un punto de vista frío e indiferente, sin interesarnos en la gente o en su necesidad. Por el contrario, como cristianos debemos orar por los que están lastimados y prometer que lucharemos contra la apatía de las actitudes de este mundo. Nosotros solos no podremos solucionar todos los problemas del mundo de hoy, pero podemos interesarnos —y podemos orar.

Jesús dijo: "El Espíritu del Señor está sobre mí, por cuanto me ha ungido para anunciar buenas nuevas a los pobres" (ver Lc 4:18). Yo creo que a pesar de todo, hoy en día ocurren más cosas buenas que malas, pero falta quien las dé a conocer. No quiero decir que no miremos el informativo o que no leamos el periódico, sino que no debemos dejarnos obsesionar o conformarnos a su punto de vista. Necesitamos escuchar lo que Dios dice acerca de los sucesos presentes de nuestra vida, y orar de la manera en que Dios nos guíe para interceder por otros que son afectados por ellos.

La falta de perdón nos impide oír a Dios

Sufrir abuso durante un tiempo prolongado puede hacer que una persona endurezca su corazón como táctica de supervivencia para protegerse contra la crueldad, que en algunos casos puede continuar durante años. La insensibilización al dolor ayuda a la víctima a sobrevivir a ese abuso. Pero el bloqueo de las emociones, si se prolonga durante años, termina por cobrarse un precio en la salud de las personas.

Todos aquellos que durante mucho tiempo se han rehusado a sentir algo, tienen miedo de volver a experimentarlo, pues todo lo que recuerdan son sufrimientos horribles. El dolor producido por el abuso puede ser muy difícil de soportar si no se cuenta con el poder redentor de Dios para sanar al herido.

Para que las emociones saludables vuelvan a fluir, deberá haber un momento en que el dolor emocional sea tratado y, aunque no es nada fácil ablandar un corazón endurecido, todas las cosas son posibles para Dios (ver Mt 19:26). Para restablecer las emociones solamente se requiere de paciencia y de disposición para cooperar con Dios.

Si has sido víctima de abuso, no permanezcas bajo ese yugo de esclavitud. No continúes con tus síntomas permaneciendo en esa posición. Primero, porque un corazón duro no proviene del Espíritu Santo y, segundo, porque hacerlo no te protege contra posibles abusos.

> **Dios te dará el poder para perdonar, si se lo pides.**

Dios nos creó para que experimentáramos emociones. La Biblia nos dice que aun Jesús lloró (ver Jn 11:35).

Cuando decidas liberar tus sentimientos serás vulnerable a sentir dolor, pero es distinto cuando Jesús el Sanador está morando en tu interior: cada vez que seas lastimado, Él estará allí para curar esa herida. El perdón es lo único que te liberará del dolor del abuso y, si se lo pides, Dios te dará el poder para hacerlo.

Ciertamente entiendo cómo los problemas personales o una serie de desilusiones pueden endurecer un corazón. Como resultado de los abusos que había padecido, yo era una persona amargada, áspera y negativa. Tal es así que cuando Dave y yo nos casamos, mi lema era: "Si no esperas nada bueno, entonces no te decepcionarás cuando no suceda". ¡Pero he mejorado *mucho* desde entonces!

Toda vez que la amargura quiera apoderarse de ti, recházala, pues no eres la única persona que está pasando por dificultades. El diablo nos acorrala en un pequeño rincón, y nos hace pensar que somos los únicos que tenemos esos problemas. Entonces pensamos: *¿Por qué yo? ¿Por qué yo?*; pero tarde o temprano todos sufrimos alguna clase de abuso.

No es mi intención parecer poco comprensiva pero, no importa cuán difícil sea tu problema, siempre hay alguien con uno peor que el tuyo. A lo largo de mi vida he pasado por cosas difíciles, pero no son nada comparadas con lo que otros han pasado.

El esposo de una mujer que trabajaba para mí la abandonó después de treinta y nueve años de matrimonio dejándole una simple nota. ¡Qué terrible tragedia fue para ella! Realmente me sentí muy orgullosa de ella cuando, unas semanas después, vino y me dijo: "Joyce, por favor, ora por mí para que no me enoje con Dios, porque Satanás me está tentando insistentemente a que lo haga. No puedo enojarme con Dios porque es el único amigo que tengo. ¡Lo necesito!"

El endurecimiento de corazón intentaba apoderarse de ella porque su vida no había resultado como esperaba. Ella había servido a Dios, se había sacrificado y había orado, pero Dios no satisfizo su necesidad del modo que esperaba.

Toda persona goza de libre albedrío, el cual no puede ser manipulado —ni siquiera por medio de la oración. Podemos orar para que Dios le hable y haga lo posible para guiarla a hacer lo correcto, pero el hecho es que Dios nos deja en libertad de elegir. Si alguno toma una mala decisión que nos lastima, no deberíamos echarle la culpa a Dios; si conservamos una buena actitud, y resistimos la amargura, Él nos bendecirá de todas maneras.

Conozco el caso de un hombre que oraba para que su hijo enfermo no muriera. Puso su fe en práctica, creyendo sinceramente que su hijo viviría. Sin embargo, su hijo murió. El padre se amargó contra Dios, y su corazón se endureció porque no obtuvo lo que quería.

Finalmente, un día le dijo a Dios: "¿Dónde estabas tú, Dios, cuando mi hijo murió?"

Y Dios le dijo: "Estaba en el mismo lugar en que estuve cuando mi Hijo murió".

Piensa lo que debe haber sido para Dios el Padre ver a Jesús padecer todo ese sufrimiento. Él lo soportó todo para libertarnos del pecado y de la desesperanza, y para darnos la bendita esperanza que hoy tenemos.

Todos aquellos que hayan sufrido abusos serios necesitan perdonar al abusador para poder recuperarse del dolor que les fue causado. Hay otros que albergan falta de perdón en sus corazones por ofensas más leves que el abuso, y ellos también deben perdonar a sus ofensores.

La falta de perdón, la amargura, el resentimiento y el enojo de todo tipo nos impiden oír a Dios. La Palabra de Dios es muy clara al respecto: si queremos que Dios perdone nuestros pecados y ofensas hacia Él, debemos perdonar a otros sus pecados y ofensas contra nosotros.

Efesios 4:30-32 nos enseña que el Espíritu Santo se entristece cuando albergamos en nuestro corazón emociones negativas, tales como la ira, el resentimiento y el rencor. Cuando por alguna razón decidimos no perdonar, ya sea con frecuencia o durante un largo tiempo, nuestro corazón se endurece y nos impide ser sensibles a la guía de Dios en nuestra vida.

En cierta ocasión oí decir que albergar falta de perdón es como tomar veneno esperando hacer que tu enemigo muera. ¿Por qué motivo vas a pasarte la vida enojado con alguien que posiblemente esté disfrutando de su vida y ni siquiera le importe que estés molesto? Hazte *a ti mismo* un favor: ¡Perdona a los que te hayan lastimado! Concédete el regalo del perdón.

El legalismo bloquea nuestros oídos a la voz de Dios

Ya hemos mencionado que el ritualismo religioso constituye un impedimento para vivir una vida dirigida por el Espíritu Santo, pero me gustaría desarrollar el tema del legalismo con mayor profundidad, pues creo que sigue siendo uno de los mayores impedimentos para oír a Dios.

En primer lugar, no creo que podamos experimentar gozo si no estamos siendo guiados por el Espíritu de Dios, y no podemos ser guiados por el Espíritu y simultáneamente vivir bajo la ley. Una mentalidad legalista sostiene que todos tienen que hacer exactamente lo mismo, de la misma manera, siempre. Por el contrario, el Espíritu de Dios nos guía individualmente, y a veces de una forma creativa y única.

La Palabra escrita dice lo mismo para todos y no es un asunto de interpretación personal (ver 2 P 1:20). Esto significa que la Palabra de Dios no dice una cosa a una persona y algo distinto a otra. No obstante, la guía directa del Espíritu Santo *es* un asunto personal.

Dios puede indicarle a alguien a que no ingiera azúcar porque sabe que tiene cierto problema de salud, pero eso no será una regla para todos. Los que son legalistas toman la palabra que Dios les dio a ellos e intentan convertirla en una ley para todos los demás.

Una vez oí decir que para el tiempo en que Jesús nació, los escribas y fariseos, los líderes religiosos de su tiempo, habían convertido los Diez Mandamientos en dos mil normas que la gente debía obedecer.

¡Tan sólo imagínate tratando de disfrutar tu vida arrastrando la carga de tener que cumplir dos mil reglas, en su mayoría establecidas por el hombre!

Jesús vino a poner en libertad a los cautivos. Aunque no somos libres para hacer lo que se nos antoje, hemos sido liberados del legalismo y podemos seguir la guía del Espíritu.

Isaías profetizó acerca de Cristo, diciendo: "El Espíritu del Señor DIOS está sobre mí, porque me ha ungido el SEÑOR para traer buenas nuevas a los afligidos; me ha enviado para vendar a los quebrantados de corazón, para proclamar libertad a los cautivos y liberación a los prisioneros" (Is 61:1, LBLA).

> Jesús vino para dar libertad a los cautivos.

La Palabra dice: "Ahora bien, el Señor es el Espíritu; y donde está el Espíritu del Señor, *hay* libertad" (2 Co 3:17, LBLA). Jesús quiere que tengamos libertad, no que seamos legalistas. "Si el Hijo os hace libres, seréis realmente libres" (ver Jn 8:36, LBLA).

- Libre del pecado
- Libre de la manipulación y el control
- Libre de temor por lo que otros piensan de ti
- Libre de tener que compararte con los demás
- Libre de la competencia con otros
- Libre del egoísmo
- Libre del legalismo
- Libre para ser un individuo
- Libre para ser quien eres
- ¡Libre! ¡Libre! ¡Libre!

En Cristo, fuimos hechos libres de la manipulación y el control de personas intolerantes, semejantes a los fariseos, gente que cree que su modo de hacer las cosas es el único.

Aborrezco ese espíritu, pero durante tantos años fui semejante a un fariseo, dando órdenes, enojándome con todo el que no hacia las cosas tan rápido como yo pensaba que debían, y de la forma que creía que debían hacerlo. Yo era una persona severa, áspera, estricta e importuna. Pero cuando leí Mateo 11:29-30 en *The Amplified Bible* (Biblia Amplificada), medité en las palabras de Jesús hasta que se grabaron en mi corazón:

"Tomad Mi yugo sobre vosotros y aprended de Mí, porque Yo soy afable (manso) y humilde (modesto) de corazón, y hallaréis descanso (alivio y facilidad y refrigerio y recreación y bendecida quietud) para vuestras almas. Porque Mi yugo es saludable (útil, bueno —no severo, áspero, estricto e importuno, sino consolador, bondadoso y agradable), y Mi carga es ligera y fácil de ser soportada" (Mt 11:28-30, traducción directa del original en inglés[a]).

Confesé estas palabras una y otra vez: "No voy a ser severa, áspera, estricta e importuna, sino mansa, humilde, afable y modesta".

Tenía que grabar ese concepto en mi corazón endurecido, y me puse a estudiar la definición de la palabra "mansedumbre" en el *Vine Diccionario Expositivo de Palabras del Antiguo y del Nuevo Testamento Exhaustivo*. La esencia de dicho término es que la mansedumbre es el carácter apacible y pacificador propio de Cristo y es un "ornato entretejido en el alma".[1]

Esta explicación fue tan poderosa que literalmente arranqué la página del libro para llevarla en mi cartera. En ocasiones, había momentos en que quería decirle a alguien lo molesta que estaba con ella pero, en lugar de eso, sacaba esa definición de mansedumbre para volverla a leer.

Deshacerme de este corazón endurecido no fue sencillo, ya que no es algo que pueda superarse de un día para el otro. Personalmente tuve que trabajar años para lograrlo antes de poder sentir que finalmente la verdadera mansedumbre "había sido esculpida en mi alma".

Mantener un corazón sensible no es algo que ocurre por sí solo; debes cooperar voluntariamente con el Espíritu Santo y permitirle que lleve a cabo la obra que necesita hacerse en tu vida. Esto es de suma importancia: no debemos ser legalistas; si lo somos, tenemos que pedirle a Dios que nos cambie y nos dé un corazón de carne que sea sensible a su voz.

Si eres legalista o tu corazón está endurecido, repite sinceramente:

Señor:

*No quiero estar endurecido o ser legalista, sino que mi
conciencia esté alerta para saber cuando Tú apruebas o no
algo que estoy haciendo o a punto de hacer. No quiero lastimar los sentimientos de la gente, ya sea consciente o
inconscientemente. Quiero tener compasión de quienes han
sido heridos, para poder darles genuino aliento, y no una frí-
vola respuesta religiosa que no satisface realmente sus
necesidades, o que aun los lastima más de lo que ya estaban.
Quiero ser sensible a tu toque y a tu dirección.*

Amén..

La gracia quita los obstáculos para oír a Dios

Si el legalismo está estorbando tu capacidad para oír a Dios,
entonces Romanos 14 es un buen capítulo para estudiar,
pues demanda que tengamos un equilibrio real, explicán-
donos que lo que es malo para uno, puede no serlo para
otros. La diferencia radica en si están actuando de acuerdo
con o contrariamente a sus propias convicciones personales
de parte del Señor.

La gente religiosa se enoja cuando no cumplimos todas sus
reglas, y pese a eso gozamos de una buena relación con Dios.
Como dije más arriba, la Palabra escrita de Dios contiene
reglas que son iguales para todos. Por ejemplo, nos manda no
mentir; por lo tanto, nadie tiene el derecho de mentir; también nos ordena no matar, y nadie esta exceptuado de ese
mandamiento. No obstante, la Palabra escrita de Dios no nos
dice cuánto tiempo debemos orar todos los días; sólo nos dice
que debemos asegurarnos de practicar activamente la oración.

La Biblia nos dice que debemos estudiar la Palabra de Dios con regularidad, y meditar en ella día y noche (ver Jos 1:8). Obviamente, esto no significa sin interrupción; de otro modo, no podríamos hacer ninguna otra cosa. La Biblia, entonces, no nos dice taxativamente cuánto deberíamos leer u orar por día; sin embargo, hay quienes establecen normas en estas áreas.

He oído a gente decir: "Si no oras por lo menos una hora todos los días, no estás cumpliendo la voluntad de Dios". Los que sostienen esta enseñanza se basan en la Escritura donde Jesús dijo: "¿Conque no pudisteis velar una hora conmigo?" (ver Mt 26:40, LBLA). Pero en este caso Jesús les estaba hablando a los discípulos respecto de una situación específica, no estableciendo una regla para todos los tiempos.

A decir verdad, orar una hora por día es una buena meta y un buen modelo a seguir si el propósito es adquirir disciplina, pero es un error tratar de hacer de ello una ley. En estas y otras áreas similares debemos experimentar la dirección personal del Espíritu Santo. Si alguien oye a un predicador o a un maestro sugerir algo y se siente guiado a hacerlo, está bien; pero no tiene por que sentirse culpable si no hace lo mismo que el otro.

Cuando Jesús habló desde la cruz diciendo: "¡Consumado es!" (Jn 19:30), quiso significar que el sistema de legalismo había acabado. Ahora no sólo los sacerdotes religiosos pueden entrar a la presencia de Dios, sino que toda persona puede hablar con Dios y oír su voz.

> La Palabra escrita de Dios tiene reglas que son iguales para todos.

Antes de que Jesús muriera en nuestro lugar, la única manera de recibir las promesas de Dios era viviendo una vida perfecta y sin pecado —siendo muy legalistas—, u ofreciendo un sacrificio de sangre por el pecado. Cuando Jesús murió, pagando con su propia sangre por los pecados de la humanidad, el velo del templo que separaba a la gente de la presencia de Dios en el Lugar Santísimo, se rasgó en dos de arriba abajo (ver Mt 27:50-51). Este acontecimiento significó que Dios rasgó el velo por la mitad desde el cielo hacia abajo, invitándonos a entrar en su presencia libremente —ya no más sacrificios o normas legalistas. Aun la gente común que no siempre hace todo correctamente, ahora puede entrar libremente en la presencia de Dios.

El tema de la conducta no tiene que ver con que jamás cometamos un error, sino con obedecer a Dios. Una actitud legalista endurece nuestro corazón, pero una relación personal con Dios nos hace receptivos y sensibles a su toque (ver Ez 11:19).

La Palabra confirma que este nuevo pacto de gracia, esta libertad para acercarnos a Dios, fue idea suya:

> "Entonces, hermanos, puesto que tenemos confianza para entrar al Lugar Santísimo por la sangre de Jesús, por un camino nuevo y vivo que Él inauguró para nosotros por medio del velo, es decir, su carne, y puesto que tenemos un gran sacerdote sobre la casa de Dios, acerquémonos con corazón sincero, en plena certidumbre de fe, teniendo nuestro corazón purificado de mala conciencia y nuestro cuerpo lavado con agua pura" (Heb 10:19-22, LBLA)

Ser libres del legalismo no es un llamado a vivir sin ley, sino que significa que cada uno de nosotros tiene la responsabilidad de oír a Dios respecto a su propia vida.

Preguntas para reflexionar

1. ¿Cuáles son los obstáculos para oír a Dios? ¿Qué sucede con quienes quedan presos de dichos impedimentos?

2. ¿Puedes identificar la presencia de alguno de ellos en tu propia vida? ¿Cuáles son? ¿De qué manera puedes vencerlos?

3. ¿Cuáles son tus motivaciones para el ministerio? ¿Son puras?

4. ¿Por qué crees que algunos caen en la rutina de trabajar para Dios en lugar de buscar a Dios? Si es tu caso, describe algún momento en que te sentiste o actuaste de esta manera. En esa ocasión, ¿qué es lo que sentías?

5. ¿Existe alguna razón por la cual los creyentes experimenten agotamiento? Explícala.

6. ¿Te sientes desgastado por el ministerio? ¿Te has cansado haciendo cosas para Dios en vez de pasar tiempo con Él? Si es así, ¿qué puedes hacer para empezar a cambiar esa conducta?

7. ¿Has permitido que tu corazón se endurezca contra Dios? ¿De qué manera? ¿Diste algún paso para superar esa situación? ¿Qué sucedió?

8. ¿De qué manera te afecta mirar violencia en la TV? ¿Y a tu familia?

9. Al examinar tu vida, ¿hay alguna norma humana que estés obedeciendo (como la duración de tus tiempos de oración o del que dedicas al estudio de la Palabra)? ¿Dónde encontraste esas leyes? ¿Puedes hallar en la Palabra evidencia que las sustente?

10. ¿Qué te está guiando a hacer Dios en respuesta al mensaje de este capítulo?

12

Mantén tu receptor libre de interferencias

=

Para oír a Dios, primero debemos creer que *podemos* hacerlo. Muchos *quieren* oír a Dios, pero realmente no esperan que Él les hable, y le dicen a todo el mundo: "Yo no puedo oír a Dios; Él nunca me habla".

Esa gente tiene demasiada interferencia en sus "receptores" como para poder percibirlo. Sus oídos están atestados de mensajes provenientes de fuentes contaminadas y, en consecuencia, tienen suma dificultad para discernir lo que Dios realmente les está diciendo.

No tiene sentido que Dios nos hable si no *creemos* que lo estamos oyendo a Él. El engañador, el diablo, no quiere que pensemos que podemos oír a Dios. Como no quiere que creamos, envía pequeños demonios para que merodeen a nuestro alrededor y nos mientan día y noche, diciéndonos que no podemos oír a Dios.

Pero nosotros podemos responder: "Está escrito, Dios me dio la capacidad de oírle y obedecerle" (ver Sal 40:6). La Palabra de Dios declara que *todos* los creyentes están capacitados para oír *y* obedecer a Dios y para ser guiados por el

Espíritu Santo. Jesús oía claramente a su Padre en todo momento, pero cuando Dios le habló a Jesús, la gente que lo rodeaba sólo creyó oír un trueno (ver Jn 12:29). Si estás experimentando dificultades para oír a Dios, te animo a que dediques un momento todos los días a confesar tu confianza en que lo vas a oír, y a medida que declares lo que crees en tu corazón, irás desarrollando mayor fe y expectativa de oírlo. Con frecuencia, confieso: "Yo oigo a Dios y su Espíritu Santo me guía. Conozco la voz de mi Padre, y no obedeceré la voz de un extraño. Su Espíritu me dirige y me guía, y lo hará hasta el día de mi muerte. Dios me guiará todos los días de mi vida y me dará las respuestas que necesito".

La confianza en Dios
activa nuestros receptores

Si vivimos de acuerdo con lo que Dios quiere, si decidimos servirle, podemos evitarnos luchas interminables con Él. La sabiduría nos dice que le permitamos a Dios hacer lo que Él quiera con nosotros, para que no estemos dando vueltas alrededor de la misma "montaña" todo el tiempo (ver Dt 2:3). He conocido personas que estuvieron dando vueltas alrededor de los mismos obstáculos y asuntos durante veinte o treinta años. Si solamente hubieran obedecido a Dios desde el comienzo, hace mucho tiempo que habrían avanzado en sus vidas.

No importa cuánto nos guste el lugar donde estamos cuando Dios nos encuentra, Él no nos dejará permanecer allí para que nos estanquemos; Él tiene nuevos lugares a donde llevarnos y nuevas lecciones que enseñarnos. Dios quiere que estemos llenos de vida, que crezcamos en plenitud y que estemos empapados de su propósito.

Dios nos dijo: "Si no me hacen caso, si me ignoran y desobedecen mis reprensiones, Yo los llamaré a gritos. Trataré de ayudarlos, pero si continúan haciendo oídos sordos a mi voz, correrán aterrorizados a buscarme cuando estén en problemas" (ver Pr 1:24-28).

Dios es paciente y misericordioso, pero llegará el momento en que nos demos cuenta de que lisa y llanamente debemos obedecerle.

Cuando los maestros de Biblia hablan de la gracia, a todo el mundo le gusta; cuando enseñan cuánto ama Dios a la gente aun en medio de todos sus embrollos, todos los aman. Pero creo que también me amarás a mí por enseñarte obediencia; pues, si no tenemos un menú balanceado de toda la Palabra de Dios, tendemos a desestabilizarnos y a meternos en problemas.

Jeremías 10:23 dice: "Señor, yo sé que el hombre no es dueño su destino, ni le es dado al caminante dirigir sus pasos" (NVI).

Nosotros no tenemos la capacidad de dirigir nuestra propia vida para nuestro mayor bene-

> Dios es
> paciente
> y
> misericordioso.

ficio. Sólo Dios sabe lo que a la larga es mejor para nosotros. Una vez que comencé a servirle, sabía que Él podía hacer cualquier cosa por mí, así que le di mi lista de lo que yo quería que hiciera, pensando que podía decirle cómo debía gobernar Él mi vida. Realmente creía que mi plan era excelente, y que Dios, por ser tan poderoso, podía realizarlo; no obstante, descubrí que ni con la ayuda de Dios podría hacer que mi plan resultara.

Jeremías dijo que no está en el hombre, ni siquiera en un hombre fuerte, dirigir sus propios pasos. No somos capaces de dirigir nuestra vida; necesitamos la guía y la sabiduría de Dios, además de su fuerza y su poder, por eso debemos escuchar lo que Él tiene que decirnos.

Dios está buscando personas que muestren la gloria de su presencia en sus vidas, personas que le obedezcan en cada pequeña cosa. La obediencia evita que nuestra conciencia se contamine y nos ayuda a vivir para la gloria de Dios.

Isaías 11:2 dice: "Y reposará sobre Él el Espíritu del Señor" (LBLA). Sabemos que ésta es una profecía acerca de Jesús, pero si el Espíritu de Jesús habita en nosotros y vive a través de nosotros, entonces también gozaremos de todo lo que reposa sobre Él: sabiduría, entendimiento, consejo, poder y conocimiento. Todo problema se desvanecerá en presencia de estas virtudes; y, si somos obedientes a la dirección del Espíritu, no tendremos que esperar años para entender algo. El Señor nos dará consejo y poder si somos reverentes y sumisos a Él; no nos juzgará según las apariencias, ni decidirá por lo que oigan sus oídos (ver Is 11:2-3).

Todo aquel que anhele tener entendimiento, que quiera oír la voz de Dios y recibir conocimiento y sabiduría, debe tener respeto y temor reverente a Él. Tener temor reverente significa saber que Dios *es* Dios y que va en serio. Nos ha llamado sus amigos; aún más, sus hijos e hijas, pero debemos respetarlo y honrarlo con obediencia reverente.

Si queremos oír a Dios, es preciso que lo reverenciemos. Si queremos comprenderlo, necesitamos estar desesperados por oírlo. No quiero comprar equipamiento para el ministerio sin haber oído a Dios; no quiero ir a predicar a algún lugar si Dios no me envía; y tampoco contrato a una persona para que trabaje en mi equipo si Dios no me ha dicho que lo haga.

Cada semana, Dave y yo necesitamos desesperadamente oír la voz de Dios respecto a muchas cosas, como por ejemplo, cómo tratar con la gente y con las situaciones que se presentan. Nuestra oración constante es: "¿Qué debo hacer respecto a esto? ¿Qué debo hacer respecto a aquello?"

Cada semana suceden cientos de cosas en las que Dave y yo necesitamos ser rápidos para entender y tomar decisiones guiadas por Dios. Si no obedecemos a Dios el lunes, para el viernes nuestra semana será un caos. Por lo tanto estoy decidida a no vivir como desobediente.

Hay gente preocupada por conocer la voluntad específica de Dios para su vida, que le pregunta qué quiere que hagan:

"Señor, ¿debería tener este trabajo, o quieres que tenga otro? ¿Quieres que haga esto, o quieres que haga aquello?" Yo creo que Dios quiere darnos ese tipo de dirección, pero realmente está más interesado en que seamos obedientes a su voluntad general para nuestras vidas; porque si no estamos siguiendo las pautas que Él estableció en su Palabra, nos resultará difícil oír lo que tiene que decirnos respecto de su voluntad específica para nosotros.

Recuerda, si no estamos dispuestos a oír en un área determinada, esto puede impedirnos hacerlo en otras.

> Si no estamos dispuestos a oír en un área determinada, esto puede impedirnos hacerlo en otras.

La obediencia activa nuestros receptores

Es necesario que oremos y obedezcamos la guía de Dios. Nuestra obediencia no debe ser un acto ocasional, sino nuestra manera de vivir.

Hay una gran diferencia entre quienes están dispuestos a obedecer a Dios diariamente y quienes sólo quieren obedecer cuando necesitan salir de una dificultad. Ciertamente Dios muestra a la gente cómo salir de los problemas, pero derrama bendiciones abundantes sobre los que deciden vivir para Él de todo corazón, haciendo de la obediencia su estilo de vida.

Muchos obedecen a Dios en las cosas grandes, pero no se dan cuenta de que obedecer también en las pequeñas hace una gran diferencia en el plan que Él tiene para sus vidas. La Biblia es muy clara cuando dice que si no somos fieles en lo poco, Dios nunca nos pondrá sobre lo mucho. No tiene sentido alguno que Él nos diga que hagamos una cosa grande si no estamos siendo fieles en cumplir las pequeñas. Es muy importante obedecerlo hasta en lo que parece más insignificante.

Proverbios 1:23 dice: "Volveos a mi reprensión: he aquí, derramaré mi espíritu sobre vosotros, os haré conocer mis palabras" (LBLA). Dios dice que si lo escuchamos cuando nos corrige, y si lo obedecemos cuando nos insta a dejar de hacer algo, entonces nos hará conocer sus palabras. Dios nos abrirá la sabiduría, y tendremos más revelación de la que nunca hayamos podido imaginar.

Lo único que tenemos que hacer es ser obedientes a lo que Dios nos mandó hacer. Él nos mostrará los tesoros escondidos de su Palabra. Todavía ni siquiera hemos arañado la superficie de todo lo que hay para conocer acerca de Dios. A lo largo de todos los años que se ha enseñado y predicado, desde el tiempo en que Jesús estuvo aquí, no hemos llegado ni siquiera a arañar la superficie de la revelación contenida en la Palabra de Dios. Si le obedecemos, Él nos hará conocer claramente su voluntad, y nos hablará palabras vivas (su *rema*) para nosotros, su palabra personal para nuestras vidas.

Los siguientes versículos presentan un destino que hará reflexionar seriamente a los que eligen su propio camino, ignorando la comunión con Dios y la obediencia que se le debe:

"Porque he llamado y habéis rehusado *oír*, he extendido mi mano, y nadie me ha hecho caso; habéis desatendido todo consejo mío, y no habéis deseado mi reprensión; también yo me reiré de vuestra calamidad, me burlaré cuando sobrevenga lo que teméis, cuando venga como tormenta lo que teméis, y vuestra calamidad sobrevenga como torbellino, cuando vengan sobre vosotros tribulación y angustia. Entonces me invocarán, pero no responderé; me buscarán con diligencia, pero no me hallarán; porque odiaron el conocimiento, y no escogieron el temor del Señor, ni quisieron aceptar mi consejo, y despreciaron toda mi reprensión; comerán del fruto de su conducta, y de sus propias artimañas se hartarán. Porque el desvío de los simples los matará, y la complacencia de los necios los destruirá. Pero el que me escucha vivirá seguro, y descansará, sin temor al mal" (Pr 1:24-33, LBLA).

Yo no creo que Dios se niegue a ayudarnos simplemente porque no le obedezcamos a la perfección en cada cosa que nos pide; pero sí creo que es necesario considerar cuán serio que es ignorar la gracia de Dios que está disponible para nosotros. Su misericordia está a nuestro alcance, pero la Palabra nos dice que el día de calamidad sobrevendrá como un torbellino, y los que rehusaron oírlo no podrán hallarlo cuando lo busquen.

Yo creo que Dios derrama de su gracia y misericordia en las vidas de las personas sinceras que lo buscan de todo corazón, y que no le desobedecen consciente o voluntariamente. Con todo, hay muchos que se dicen cristianos que no escuchan a Dios ni le obedecen. A veces podemos llegar a ser "confianzudos" con el Señor, a punto tal que olvidemos que estamos tratando con el Dios Todopoderoso.

Si no estamos prestando atención a lo que Él dice, ¿en qué otra cosa puede resultar nuestra vida sino en un desastre? Si alguien se encuentra metido en dificultades, es porque no le hizo caso a Dios en el pasado. La única forma de salir de esa dificultad es arrepintiéndose y obedeciendo su consejo desde hoy en adelante. Jesús dijo: "El que me ama, obedecerá mi palabra" (ver Jn 14:23, NVI). Cada vez que estudio acerca de cómo oír a Dios, llego a la conclusión de que nunca le oiremos con claridad si no le obedecemos; pues sin obediencia tenemos una conciencia culpable, y mientras eso no cambie, no podemos tener fe y confianza para estar delante de la presencia de Dios (ver 1 Jn 3:20-24).

La meta de nuestra vida debe ser prestar atención a la Palabra de Dios. Nuestro objetivo no debería ser hacer dinero, o convertirnos en influyentes personas de negocios, o escalar al puesto más alto de la compañía, o acumular grandes cantidades de dinero y adquirir casas y automóviles y ropa.

La Biblia nos enseña claramente que si no tenemos fe y confianza, no importa cuál sea la bendición que Dios quiera darnos, no la recibiremos (ver Stg 1:5-7). Si no nos portamos bien, no por eso Dios dejará de dar, pues su naturaleza nunca cambia, sin importar lo que nosotros hagamos. Él *es* amor (ver 1 Jn 4:8); el amor no es algo que Dios dé o quite según nuestro comportamiento. Pero cuando sabemos que hemos actuado mal, y no nos arrepentimos, esto nos impide recibir de Dios.

En cuanto hacemos algo mal, el enemigo comenzará a enviarnos condenación para interferir en nuestra capacidad de oír a Dios. No hay condenación para los que están en Jesús (ver Ro 8:1), y sabemos que no vamos a hacer todo a la perfección. Mas si no conocemos esta verdad, no seremos libres para disfrutar el perdón y las bendiciones de Dios. Gracias, Dios, por la sangre de Jesús que borra nuestros pecados de delante de tus ojos y nos limpia del poder del pecado, quitando la condenación que éste acarrea. Durante muchos años intenté superar ese sentimiento de condenación por causa de mi desobediencia; finalmente, comprendí que había un procedimiento mejor: obedecer lo que Dios dice desde el principio. La obediencia es el mejor procedimiento. Descubrí que si era obediente, ya no tendría que luchar con el sentimiento de malestar por haber desobedecido a Dios.

> Jesús dijo: "El que me ama, obedecerá mi palabra".

Obedece a Dios en cada detalle, y disfrutarás de una vida excelente. Sé diligente para obedecer; camina la segunda milla, y haz cada pequeña cosa que Dios te diga que hagas. Aprende a vivir tu vida delante de Dios y no delante de los hombres. Cumple todo lo que Dios te pida, aunque nadie más lo sepa. Cuando vas al supermercado, coloca tu carro de compras en el lugar indicado en vez de dejarlo en medio del estacionamiento. ¿Por qué? Porque el dueño ha colocado un cartel que dice: "Por favor, devuelva los carros aquí", y Dios nos ha dicho que estemos sujetos a las autoridades (ver Tit 3:1).

La carne nos dice: "Bueno, todo el mundo deja sus carros en cualquier lugar; ¿por qué debería yo ponerlo en su sitio?" Porque nuestro modelo no son los demás, nuestro modelo es Jesús. Si me comparo con los demás, no me veo tan mal; pero si me comparo con Jesús, ¡me humillo y le pido a Dios que me ayude!

Hasta que Jesús venga a buscarnos, debemos compararnos con Él y el modelo de santidad que dejó para nuestras vidas.

Tenemos mucho que hacer para estar a la altura de ese modelo. Aunque no tenemos motivo para enorgullecernos en nuestra carne o en nuestros logros personales, nuestro esfuerzo por alcanzar la excelencia nos mantendrá sensibles a la voz de Dios.

La gratitud activa nuestros receptores

La voluntad general de Dios para nosotros es que demos "gracias en todo, porque esta es la voluntad de Dios para vosotros en Cristo Jesús" (1Tes 5:18, LBLA). No debe preocuparnos si es la voluntad de Dios que salgamos al campo misionero hasta que hayamos aprendido a obedecer su voluntad en el lugar donde estamos. La gratitud mantiene nuestros oídos abiertos para oír a Dios. La Biblia dice que debemos dar gracias a Dios en todo, no *por* todo, sino *en* todo. Esto significa que no debemos quejarnos, murmurar, rezongar o criticar. Dios no quiere oírnos lloriquear, porque eso demuestra que no tenemos fe en su capacidad de mejorar las cosas.

En lugar de eso, le gustaría oírnos decir: "Bien, Dios, definitivamente esto es un sacrificio de alabanza, pero te doy gracias porque eres grande y poderoso; aun en medio de este lío, Tú eres grande y poderoso". Dios nos honra cuando demostramos esa clase de fe, y hablará a nuestros oídos alertas para guiarnos fuera del problema.

Aquellos que rezongan, quejándose desde que sale el sol hasta que oscurece, nunca oyen a Dios, porque para oírlo ¡deben dejar de quejarse! Yo tardé años en descubrir esa realidad; rezongaba y me quejaba y refunfuñaba y buscaba los defectos de todo el mundo, y estaba celosa porque los demás recibían palabra de parte de Dios.

"¿Por qué no me sucede nada bueno a mí?", me quejaba.

Dave me repetía una y otra vez: "Joyce, las cosas buenas no van a ocurrir en tu vida hasta que te estabilices".

Entonces me enojaba con él por decirme eso y le respondía enfadada: "¡Tú no tienes compasión para nadie!" Yo quería que adoptara mi posición negativa, pero nos habríamos metido en un lío si él hubiera estado de acuerdo conmigo. Finalmente, aprendí que, si quería oír a Dios, tenía que abandonar la queja. La Biblia dice que la voluntad de Dios es que le demos gracias en todo.

> Los que rezongan, quejándose desde que sale el sol hasta que oscurece, nunca oyen a Dios.

Algunas veces le di gracias mientras las lágrimas corrían por mis mejillas, sentada en el borde de mi cama, y llorando; decía: "Dios, si quieres que te diga la verdad, ¡querría irme a alguna parte y empezar a los gritos! Pero voy a obedecerte porque ya hice todo lo demás, y nada resulta. Tú dijiste que te diéramos gracias en todo. Gracias, Señor. Gracias porque sigues siendo Dios y aún estás en el trono. Gracias porque estás haciendo cosas buenas, aunque yo esté en un lío terrible. Gracias, gracias, gracias porque soy salva".

Después de decirnos que agradezcamos a Dios en todo, el versículo siguiente dice: "No apaguéis el Espíritu" (1 Tes 5:19, LBLA).

Yo creo que por medio de la queja apagamos al Espíritu Santo. Necesitamos que obre en nuestras vidas. Cuanto más agradecidos somos, mayor libertad tendrá el Espíritu Santo para obrar en nuestra situación. La queja es algo natural, pero dar gracias cuando somos probados por las circunstancias de la vida es algo sobrenatural.

Pedirle respuestas a Dios activa nuestros receptores

"Pero si alguno de vosotros se ve falto de sabiduría, que *la* pida a Dios, el cual da a todos abundantemente y sin reproche, y le será dada" (Stg 1:5, LBLA). El contexto de este versículo tiene que ver con soportar las pruebas.

Si nos hace falta ayuda, debemos pedírsela a Dios con confianza, porque Él no nos juzgará ni nos reprenderá por hacerlo. Por lo general, Dios nos transmite sus respuestas de varias maneras, pero si nuestros receptores están interferidos por la incredulidad, no podremos recibirlas. Sin fe no podemos estar alertas a su respuesta.

La Palabra nos dice que cuando le pedimos algo a Dios, debemos hacerlo con fe, sin vacilar, sin dudar y sin flaquear (ver Stg 1:6). Dios desea que confiemos plenamente en que Él hará manifiesto su amor y su poder en nuestras vidas. No nos pide que seamos perfectos; sólo nos pide que confiemos en Él y le obedezcamos.

En respuesta a nuestra petición de ayuda, es posible que Dios quiera convencernos de la necesidad de disculparnos con alguien por haberlo ofendido. Si no lo hacemos, sea por orgullo o por vergüenza, nuestra culpa será un obstáculo para oír a Dios. Así, no deberá sorprendernos si cada vez que acudimos a Dios para que nos dé sabiduría en una nueva situación, sólo oímos lo último que Él nos había mandado hacer. Tenemos que tragarnos el orgullo y hacerlo. Cada vez que por fin obedecí a Dios, Él me recompensó grandemente, y experimenté alivio y una relación renovada con Dios y con las personas de quienes me había distanciado a causa de mi desobediencia.

Ahora tengo respeto y temor reverente a Dios y soy obediente a sus instrucciones. Si me dice que me disculpe con alguien, voy y lo hago. A veces me resulta difícil, y otras me da vergüenza. El orgullo es como la hinchazón; no se desinflama fácilmente. Yo preferiría que fuera esa persona quien se acercara y me presentara sentidas disculpas, pero si Dios me dice que vaya, voy, porque he desarrollado respeto y temor reverentes hacia el poderoso Dios a quien sirvo. Sé que no puedo darle a Dios excusas por mi desobediencia y luego esperar oírlo claramente y actuar bajo su unción.

Otra cosa que quizás Dios nos mande hacer es bendecir a alguien dándole algo que nos pertenece. Te animo a no enamorarte de tus posesiones, así no te sentirás tan apenado cuando Dios te diga que te deshagas de ellas. Estoy de acuerdo en que resulta difícil regalar cosas si Dios lo pide, pero es más difícil estar delante de Dios con una conciencia culpable que seguir adelante y ser de bendición para alguien. Debemos tener una actitud correcta respecto a las posesiones; tener la paz de Dios y poder oírlo es mucho más importante que aferrarnos a lo material.

La atención sincera y de todo corazón activa nuestros receptores

Todo lo que recibimos por medio de nuestros oídos y de nuestros ojos, nos beneficiará o nos envenenará. Nuestros corazones son como radios, y si queremos captar el mensaje de Dios para nosotros, no podemos sintonizar toda la basura que hay a nuestro alrededor. Dios está transmitiendo la seguridad de su amor por nosotros, pero quizás haya demasiada interferencia como para oírlo hablar.

Necesitamos permanecer en quietud y en silencio para

oírlo. La paz viene por obedecer a Dios en la medida en que somos capaces, y por el poder purificador de la sangre de Jesús. A veces dependemos del poder purificador de la sangre, pero no entendemos la importancia fundamental de la obediencia.

Debemos buscar al Señor de todo corazón. Muchos cristianos sólo tienen la mitad de su corazón interesado en buscar a Dios. Ellos quieren que Dios les dé su protección, pero no quieren hacer el sacrificio de tiempo y de dedicación necesarias para crecer en el conocimiento de Él y de su Palabra, y tampoco dedican tiempo a la oración.

Dios le dijo a Abraham: "Voy a hacer un pacto contigo. Haré que seas rico y que tu nombre sea famoso. Voy a hacer por ti cosas que nadie más podría hacer. Voy a darte un hijo en tu vejez. Esta es tu parte del trato: debes caminar en integridad (*con todo tu corazón*) delante de Mí (ver Gn 12-15). Entonces Abraham se postró sobre su rostro delante de Dios, pues sabía que estaba en presencia de un Dios temible que hablaba en serio.

Abraham entendió que Dios tenía un plan para su vida, y que quería prosperarlos a él y a sus herederos. Dios quería cosas buenas para él; y esa promesa fue transmitida a todos los que acepten a Jesús como su Señor. Dios nos quiere ver tan felices que la gente nos vea y diga: "Ese hombre sirve a un Dios poderoso que cuida de él; nadie sino Dios podría hacer que sucedan esas cosas en su vida".

> Debemos buscar a Dios de todo nuestro corazón.

La gloria de Dios es algo maravilloso que recibimos a cambio de consagrarnos a Él de todo corazón. Si centramos toda nuestra atención en Dios, mantendrá nuestros receptores libres de toda interferencia para recibir las cosas buenas que Él quiere darnos.

Un corazón limpio mantiene nuestros receptores libres de interferencia

Jesús dijo: "Bienaventurados los de limpio corazón, pues ellos verán a Dios" (Mt 5:8). Si tenemos un corazón limpio, tendremos claridad para ver el plan de Dios para nuestras vidas, y no nos sentiremos desorientados o confundidos. Sabemos que no es la voluntad de Dios que nos sintamos culpables o condenados.

Primera de Juan 3:21-22 lo confirma: "Amados, si nuestro corazón no nos condena, confianza tenemos delante de Dios; y todo lo que pidamos *lo* recibiremos de Él, porque guardamos sus mandamientos y hacemos las cosa que son agradables delante de Él" (LBLA).

Si nuestra conciencia no nos condena, podemos recibir lo que Dios está enviándonos; si la desobediencia está empañando nuestra conciencia, es tiempo de quitar esa interferencia de nuestro receptor. Para mantener nuestro corazón puro delante del Señor, necesitamos que Cristo establezca su hogar en nuestro corazón y que nuestros deseos sean los suyos.

Como escribí en las páginas iniciales de este libro, Jesús dijo: "Cuidaos de lo que oís; con la medida con que medís seréis medidos, y aun más se os dará" (Mr 4:24, LBLA).

Cuando buscamos una palabra de parte de Dios es necesario que usemos la audición selectiva. La Biblia dice que en los postreros días se levantarán muchos falsos profetas y le dirán a la gente lo que esta tiene comezón de oír. La gente buscará un maestro tras otro para que le digan cosas placenteras y agradables. Para satisfacer sus deseos, apartarán sus oídos de la verdad y se volverán a los mitos e historias inventadas por hombres (ver 2 Tim 4:3-4, NVI).

Nunca antes se había oído de tantos médium compitiendo por encontrar algún oído receptivo. Los espectáculos televisivos muestran médium que afirman poder conectarse con seres amados que han muerto, y que se comunican con espíritus familiares que dicen medias verdades acerca del pasado y luego mienten acerca del futuro. La Palabra de Dios dice claramente: "No os volváis a los médium ni a los espiritistas, ni los busquéis para ser contaminados por ellos. Yo soy el Señor vuestro Dios" (Lv 19:31, LBLA). ¡Este es un mandamiento serio! El espiritismo, la adivinación y la brujería están prohibidos en la Palabra de Dios.

Dios dice que pondrá su rostro contra todo aquel que vaya a los médium o a los espiritistas para prostituirse en pos de ellos (ver Lv 20:6-7). Sin embargo, hay cristianos que leen el horóscopo, consultan a los médium, y luego se preguntan por qué no tienen paz.

Mucha gente, incluso algunos que se consideran cristianos, participa de estas prácticas porque creen inocentemente que no tienen nada de malo, pero Dios las considera viles y perversas. Multitud de personas en todo el mundo consulta las estrellas antes de tomar una decisión, aun para cosas tan simples como cuándo cortarse el cabello. Sin embargo, un estudio cuidadoso de la Palabra de Dios muestra claramente que estas cosas son una abominación para Dios. Aun el llevar "amuletos de la buena suerte" y depender de ellos es un insulto a Dios. Debemos depositar nuestra fe en Dios, no en Dios más muchas otras cosas. Quienes creemos en Jesús no necesitamos depender de la suerte; podemos tener la confianza de que Dios va a bendecirnos.

Algunas religiones enseñan a la gente a adorar a la naturaleza —las estrellas, la luna, el sol, las piedras, los árboles y otras cosas que Dios creó. ¿Por qué adorar a las estrellas cuando puedes adorar a Aquel que creó las estrellas? ¿Por qué mirar a las estrellas para buscar guía y consejo cuando el Espíritu de Dios desea guiarte?

Dios exige el primer lugar en nuestra vida; Él es un Dios celoso, y siempre deberíamos acudir a Él, no a cosas creadas por Él.

Es un error buscar dirección para nuestra vida en cualquier otro que no sea Dios mismo, y hacerlo constituye una ofensa hacia Él. Ninguno que así haga tendrá la vida tranquila, gozosa y próspera que Dios previó que tuviera. Si has estado envuelto en cualquier actividad de este tipo, te animo firmemente a que te arrepientas sinceramente, pidas a Dios que te perdone y abandones esas prácticas por completo.

> Mantén tu corazón puro y ten cuidado con lo que escuchas.

Mantén tu corazón puro y ten cuidado con lo que escuchas. De la misma manera que no se pueden sintonizar dos estaciones radiales al mismo tiempo, tampoco puedes servir a dos señores (ver Lc 16:13). Quizás tengas que escoger nuevos amigos, si los que tienes te están llenando de interferencias contrarias a la Palabra de Dios. Quizás tengas que cambiar los canales de televisión en tu casa, y elegir nuevas estaciones radiales mientras conduces tu automóvil. Presta atención; si los mensajes negativos están saturando las ondas sonoras a tu alrededor, haz un cambio en tus hábitos auditivos. También asegúrate de que de tu boca no salgan palabras negativas.

La Palabra de Dios nos dice:

> "Pero que la inmoralidad, y toda impureza o avaricia, ni siquiera se mencionen entre vosotros, como corresponde a los santos; ni obscenidades, ni necedades, ni groserías, que no son apropiadas, sino más bien acciones de gracias. Porque con certeza sabéis esto: que ningún inmoral, impuro, o avaro, que es idólatra, tiene herencia en el reino de Cristo y de Dios" (Ef 5:3-5, LBLA).

Es posible que en tu vida haya cosas que necesiten ser cortadas, abandonadas y arrancadas, para que puedas recibir de Dios. Quizás debas prestar atención al discurso que tiene lugar en tu ser interior. Para oír a Dios es necesario vivir en suelo santo, y eso significa mantener tus pensamientos alineados con la Palabra de Dios. Concéntrate en la verdad de que Dios tiene un plan para tu vida, un plan que incluye muchas, muchas bendiciones. Es imposible tener las bendiciones de Dios y a la vez cumplir los deseos de la carne. Así que Dios tratará claramente con nosotros, para decirnos lo que debemos hacer para que nuestros receptores estén libres de toda interferencia para poder oírlo a Él.

Cuando nos habla, debemos obedecer rápidamente con honor y reverencia porque Él es un Dios santo, y desea perfeccionar la santidad en nosotros. Dios nos recompensará en público si le obedecemos en lo secreto, en los rincones más íntimos de nuestro corazón (ver Mt 6).

No debemos luchar con Dios; debemos permitirle que reine por completo sobre nuestra vida. Si dejamos que nos guíe, nos dirija y nos conduzca, no tendremos que arrepentirnos ni dejaremos de alcanzar el propósito que Él tiene para nosotros.

Si continuamos resistiéndole, lo lamentaremos por el resto de nuestras vidas porque nuestro ser interior sabrá que nos hemos perdido lo mejor de Dios.

Quita tu sintonía de la voz del engaño

Como creyentes, tenemos el privilegio y el derecho de oír a Dios hablarnos. Él nos da discernimiento para reconocer su voz entre las voces engañosas, y compara este discernimiento con la naturaleza instintiva de las ovejas, que reconocen la voz de su pastor.

Jesús enseñó esta parábola acerca de un pastor: "Las ovejas oyen su voz; llama a sus ovejas por nombre y las conduce afuera. Cuando saca todas las suyas, va delante de ellas, y las ovejas lo siguen porque *conocen su voz*" (Jn 10:3-4, LBLA). Luego dijo: "Yo soy el buen pastor, y conozco mis ovejas y las mías me conocen" (Jn 10:14, LBLA).

Si en verdad pertenecemos a Dios, *distinguiremos* su voz del espíritu de error. Sabremos que lo que le oímos decir es algo acorde con su naturaleza. Sabremos que lo que Él nos ha dicho no contradice su Palabra, la sabiduría o el sentido común.

Me da pena oír a gente que dice: "Dios me dijo que hiciera tal cosa", cuando es obvio que un buen pastor jamás les diría algo así. Viene a mi mente el ejemplo de una joven mujer que durante un tiempo asistió a todas nuestras conferencias. Dormía en su coche, y llegamos a saber que estaba terriblemente endeudada y no tenía ingresos. Pero ella creía que Dios le había *dicho* que dejara todo y viniera a nuestras reuniones.

Tratamos de decirle que la voz de la sabiduría de Dios no le diría que durmiera en su automóvil, puesto que no es seguro. El sentido común dice que necesitamos encontrar un trabajo y pagar nuestras cuentas si tenemos deudas. Un buen pastor no habría conducido a esta mujer a una situación peligrosa en la que tenía que mendigar pan. Finalmente, reconoció que había mentido respecto de varios asuntos, lo que evidenció que estaba siguiendo a un espíritu de error.

> Conoceremos la diferencia entre su voz y la voz del engaño.

La gente pregunta: "¿Cómo puedo estar seguro de que estoy oyendo a Dios?" La Palabra dice que simplemente *distinguimos* su voz de entre otras. Conoceremos la diferencia entre su voz y la voz del engaño si verdaderamente conocemos su carácter, su naturaleza, y la historia de cómo ha guiado a otros antes de nosotros.

Jesús dijo acerca de sus ovejas: "Pero a un desconocido no seguirán, sino que huirán de él, porque no conocen la voz de los extraños" (Juan 10:5, LBLA).

Junto con el don de oír la voz de Dios, se nos da el don de discernimiento para saber que realmente es Dios. Si nos habla, también nos dará ese discernimiento para saber que es Él y que podemos confiar cuando nos dice que avancemos o que esperemos.

Para evitar el espíritu de error, sólo debemos mirar a la Palabra de Dios. Allí vemos un espejo de la gloria del Señor, y al mirar su gloria seremos transformados en su misma imagen "de gloria en gloria" (2 Co 3:18, LBLA). Cuanto más estudiemos y aprendamos la Palabra de Dios, tanto más fluirá su poder a través de nuestra vida.

Pasa tiempo con Dios. Proverbios 4:20-23 dice: "Hijo mío, presta atención a mis palabras, inclina tu oído a mis razones; que no se aparten de tus ojos, guárdalas en medio de tu corazón. Porque son vida para los que las hallan, y salud para todo su cuerpo. Con toda diligencia guarda tu corazón, porque de él brotan los manantiales de la vida" (LBLA) .

Preguntas para reflexionar

1. ¿Crees que puedes oír a Dios? Si no, únete a mí y confesemos juntos:

    "Yo oigo a Dios y su Espíritu Santo me guía. Conozco la voz de mi Padre, y no obedeceré la voz de un extraño. Su Espíritu me dirige y me guía, y lo hará hasta el día en que yo muera. Dios me guiará todos los días de mi vida y me dará las respuestas que necesito".

2. ¿Por qué crees que no podemos recibir de Dios cuando somos desobedientes?

3. ¿En qué aspectos estás viviendo para agradar los hombres en lugar de vivir para agradar a Dios? ¿Qué dice la Palabra respecto a esto?

4. ¿Hay en tu vida alguna área en la que tiendes a quejarte y rezongar en lugar de agradecerle a Dios en todo? ¿Qué esperaría Dios de ti en esta situación?

5. ¿Qué es lo que has comprendido sobre la importancia de la obediencia? ¿Cómo se refleja ese conocimiento en tu vida? ¿Cómo se alinea éste con la Palabra de Dios?

6. ¿Cómo podemos mantener toda nuestra atención centrada en Dios? ¿De qué formas lo estás haciendo? ¿En qué áreas necesitas trabajar más?

7. ¿Cuál es el propósito de la santidad y la obediencia? ¿Deberíamos buscar la santidad para obtener recompensas de Dios? ¿Por qué o por qué no?

8. ¿Qué te está guiando a hacer Dios en respuesta al mensaje de este capítulo?

13

Santífica tus oídos para el Señor

=

La Palabra de Dios promete que Él hará una obra redentora en nosotros para mostrarnos cómo ser guiados por su Espíritu Santo. Primera de Tesalonicenses 5:23-24 explica:

> "Que Dios mismo, el Dios de paz, los santifique por completo y conserve todo su ser —espíritu, alma y cuerpo—, irreprochable para la venida de nuestro Señor Jesucristo. El que los llama es fiel, y así lo hará" (NVI).

El Señor nos enseñará la manera de oírle y preservará nuestro espíritu, alma y cuerpo, conduciéndonos hacia una vida santa, santificada en Él.

Muchos no entienden que somos seres tripartitos: espíritu, alma y cuerpo. Somos un espíritu, tenemos un alma, y vivimos en un cuerpo. Dios promete cuidar de cada una de las tres partes que nos hacen quienes somos.

Muchos cristianos cometen el error de creer que Dios se interesa solamente por el espíritu. Pero Dios quiere que gocemos de bienestar en la mente (emociones), y también en el cuerpo.

Recuerdo que cierta noche estaba mirándome al espejo

mientras me preparaba para una reunión, y dije: "Dios, te pertenezco a Ti, y a nadie más. Soy la esposa de Dave Meyer, y en ese sentido le pertenezco a él, pero en realidad te pertenezco a Ti".

Como cristiano o cristiana que eres, también le perteneces a Dios. Jesús te compró al el precio de su propia vida (ver 1 Co 6:20). Tienes un destino que cumplir en un plan diseñado por Dios específicamente para ti. Hay algo que Dios quiere que hagas, algo que Dios quiere que disfrutes. Tú no eres un accidente, sino que fuiste planeado en el corazón de Dios, quien te formó en el vientre de tu madre con sus propias manos. Su plan para tu vida se revela por medio de la obra del Espíritu Santo, a quien Jesús envió a vivir dentro de ti.

Si no estás familiarizado con la presencia del Espíritu Santo que mora en ti, te animo a que leas mi libro *Conozca a Dios íntimamente*. Allí comparto en detalle cómo dar entrada al Espíritu Santo en tu vida diaria y cómo tener conciencia de su presencia en lo profundo de tu corazón.

Debemos cooperar con el Espíritu Santo para llevar a cabo el plan que comenzó a operar en nosotros cuando aceptamos a Jesús como Señor y Salvador. Nuestro nuevo nacimiento comienza en nuestro espíritu, se realiza por medio de nuestra alma (mente, voluntad y emociones), y finalmente se hace visible a los demás por medio de una demostración de su gloria en nuestra vida física.

La gloria de Dios en nuestras vidas se apresura a medida que conocemos cómo quiere Él obrar en nosotros, y lo que deberíamos hacer para cumplir su plan. Debemos diferenciar entre la guía del Espíritu Santo y nuestros deseos carnales. Si seguimos al Espíritu Santo, no apeteceremos cosas que nuestros cuerpos anhelan. Si hacemos un hábito de escuchar al Espíritu Santo y de hacer lo que Él nos dice, no seremos arrastrados hacia los deseos destructivos de nuestra naturaleza humana (ver Gl 5:16-17).

Si vivimos haciendo lo que nos viene en gana, bien podríamos estamparnos la palabra "desastre" en la frente. Nuestras emociones son muy inestables y pueden llevarnos en cientos de direcciones diferentes, desviándonos del plan que Dios tiene para nosotros. Los deseos de la carne no van a desaparecer, pero si caminamos por donde el Espíritu nos guía, no satisfaremos los deseos y apetitos carnales. Tomaremos decisiones que nos conducirán a abundancia de paz, gozo y justicia (ver Ro 14:17).

> Hay algo que Dios quiere que hagas, algo que Dios quiere que disfrutes.

Cada vez que Dios nos habla, y actuamos como si no lo oyéramos, nuestro corazón se encallece un poquito más y puede llegar a endurecerse tanto que nos resultará muy difícil oírlo. Finalmente, nuestra terquedad embotará por completo nuestra capacidad de oír. Cada vez que damos la espalda a lo que sabemos que debemos hacer, nos volvemos un poquito más obstinados, hasta llegar a quedar totalmente sordos a su conducción.

En el capítulo seis de Jeremías, el Señor le dijo al profeta que advirtiera a su pueblo de la destrucción inminente de la ciudad, que estaba llena de opresión.

Pero el profeta respondió: "¿A quiénes hablaré y advertiré, para que oigan? He aquí, sus oídos están cerrados, y no pueden escuchar. He aquí, la palabra del Señor les es oprobio; no se deleitan en ella" (v. 10, LBLA).

Qué trágico es ver que Dios quiere proteger y proveer para su pueblo, y que éste no puede oír su voz por no tener circuncidados sus oídos.

La Escritura más poderosa del Nuevo Testamento respecto de oír a Dios se encuentra en Juan 5:30, en la cual Jesús dice: "Yo no puedo hacer nada por mi propia cuenta; juzgo sólo según lo que oigo, y mi juicio es justo, pues no busco hacer mi propia voluntad sino cumplir la voluntad del que me envió" (NVI).

Jesús tenía un oído santificado, circuncidado. Él no hacía *nada* a menos que oyera la voz de su Padre al respecto.

Imagina cuán distinta sería nuestra vida si le preguntáramos a Dios *antes* de dar un paso en lugar de invocarlo para que nos rescate del embrollo en el que nos metemos por hacer las cosa a nuestra manera sin su consejo.

La Palabra de Dios nos muestra claramente que es necesario estar atentos a su voz y consagrar nuestros oídos en un pacto con Él, permitiendo que los santifique y los circuncide para poder oírlo. En muchas ocasiones Dios nos muestra claramente lo que debemos hacer, pero no lo hacemos porque no nos gusta su plan. Es más, podemos simular que padecemos sordera espiritual cuando no nos gusta lo que claramente nos está diciendo. Nuestros apetitos carnales pueden impedirnos aceptar la verdad de Dios.

Aun podemos estar frente a frente con la verdad y no aceptarla. Admito que la verdad es mucho más fácil de aceptar cuando concierne a otras personas y a sus vidas que cuando nos atañe a nosotros y a nuestras propias vidas. Tenemos un plan de cómo queremos que sea nuestra vida, y conocemos la manera en que queremos llevarlo a cabo. La mayoría de las veces queremos que Dios haga funcionar nuestro plan en vez de escuchar a Dios para que nos diga el suyo. Deberíamos orar primero, para saber cuál es, y no planear primero y orar después para que Dios haga que el nuestro resulte.

Pídele a Dios que santifique y circuncide tus oídos

Si no oyes la voz de Dios hablarte, te animo a pedirle al Padre que santifique y circuncide tus oídos para hacerlos sensibles a su dirección. "Santificar" significa apartar para un propósito sagrado, y "circuncidar" significa cortar la carne. Al pedirle a Dios que santifique y circuncide tus oídos, le estás pidiendo que los haga receptivos para oír lo que es santo y justo y que quite toda tentación mundana que te distrae del plan mayor que Él tiene para tu vida.

En otras palabras, pídele a Dios que te dé oídos que oigan lo que Él quiere decir, no lo que tú quieres oír.

> ## Pide a Dios que te dé oídos que oigan lo que Él quiere decir.

Pide que tus oídos sean santificados, es decir ungidos para oír su voz con discernimiento, y circuncidados, aguzados para oír su voz sin la interferencia de los deseos carnales.

En Éxodo 29, leemos el relato de cómo Dios santificó a Aarón para ser sacerdote de su santuario, el Tabernáculo de Reunión. Dios le describió a Moisés con todo detalle el ritual requerido para ordenar a Aarón y a sus hijos para el servicio delante del Señor.

Moisés debía poner la sangre del carnero sobre el lóbulo de la oreja derecha, sobre el pulgar de la mano derecha y sobre el pulgar del pie derecho de Aarón y de sus hijos, y luego tenía que rociar el resto de la sangre alrededor del altar. Después debía rociarse el aceite de la unción sobre Aarón y sus vestiduras y sobre sus hijos y sus vestiduras para santificarlos y hacerlos santos (ver vv. 20-21).

Esta ceremonia es una representación física de nuestra propia santificación espiritual como sacerdotes para el Señor (ver Ap 1:5-6). El derramamiento de la sangre de Cristo por el precio de nuestros pecados santifica a los que cubre, y la unción del Espíritu Santo, representada por el aceite, es derramada para capacitar para el servicio a quienes han sido justificados por la sangre de Jesús.

Es significativo que Dios instruyera a Moisés para que pusiera sangre en la oreja derecha, en el pulgar derecho y en el pulgar del pie derecho, porque en la Biblia el lado derecho significa el del poder. El significado de esa ceremonia nos transmite un mensaje a nosotros hoy. La oreja fue ungida para que el sacerdote oyera claramente y no fuera engañado, el pulgar, para que todo lo que su mano hiciera fuera correcto y bendito, y el pulgar de su pie derecho para que dondequiera que fuese estuviera libre de error y santificado.

Este es el deseo de Dios para cada uno de nosotros.

Podemos oír, actuar, e ir en la dirección segura y divinamente guiada. Del mismo modo en que Aarón y sus hijos fueron apartados para ser usados por Dios, los creyentes somos apartados para un propósito santo. La sangre de Cristo nos santifica para el servicio al Señor, y el Espíritu Santo nos capacita para realizar buenas obras.

Un oído santificado oye el plan de Dios

Necesitamos ser conscientes del ámbito espiritual de nuestras vidas, y sentirnos más cómodos teniendo comunión con el Espíritu Santo y oyendo lo que nos dice. Muchos todavía no comprenden la obra del Espíritu Santo en sus vidas. Pueden tener curiosidad por lo sobrenatural o por el campo de lo invisible, pero si no conocen lo que dice la Palabra de Dios, corren el riesgo de ser fácilmente engañados respecto a lo que realmente está sucediendo en el ámbito espiritual que los rodea.

Así como tenemos un cuerpo físico, también tenemos un cuerpo espiritual. El comprender hacia dónde nos está llevando Dios, nos ayuda a confiar en que Él nos guiará por donde debamos ir. Primera de Corintios 15: 39-42 explica que, nuestra vida comienza en un cuerpo físico que algún día perecerá y se corromperá; pero como creyentes nacidos de nuevo, nuestros cuerpos espirituales serán resucitados, y entonces serán imperecederos e inmunes a la corrupción.

Dios ha aclarado el tema de la eternidad en su Palabra. Somos inmortales por medio de nuestra fe en Jesucristo, y viviremos más tiempo en nuestros cuerpos espirituales allí en el cielo de lo que lo haremos en nuestros cuerpos físicos en esta vida. Parece sabio conocer lo más posible acerca de nuestra vida espiritual que afanarnos por esta existencia temporal en la que vivimos actualmente.

Primera de Corintios 15:44 nos dice que un día nuestros cuerpos físicos, sembrados en deshonra y humillación, serán resucitados en honor y gloria. Nuestras debilidades y flaquezas serán resucitadas en fortaleza y revestidas de poder.

Aunque padeció tremendas pruebas y tribulaciones, Pablo no se desanimó, porque no puso su vista en lo que se ve, sino en lo que no se ve (ver 2 Co 4:18). Necesitamos seguir su ejemplo; en vez de mirar lo que vemos a nuestro alrededor, tenemos que observar lo que el Espíritu Santo está haciendo. Por medio de un oído santificado, circuncidado, Él nos guiará a concentrarnos en las respuestas de Dios en lugar de nuestros propios problemas.

> **Él nos guiará a concentrarnos en las respuestas de Dios en lugar de nuestros propios problemas.**

Dos personas distintas pueden leer la Palabra, y la de oídos carnales la oirá de forma distinta a la que tiene sus oídos circuncidados. Por ejemplo, Juan nos dice: "Amado, ruego que seas prosperado en todo así como prospera tu alma, y que tengas buena salud" (3 Jn 2, LBLA).

Los cristianos carnales e inmaduros (aún movidos por los apetitos y los placeres físicos) pueden entusiasmarse con la promesa de prosperidad y sanidad, puesto que es todo lo que oyen en esta Escritura, y piensan: *¡Qué bueno! ¡Gloria a Dios! ¡Él quiere que prosperemos y que tengamos salud!*

Pero los creyentes maduros que tienen un oído santificado y sensible a la intención de Dios, también oirán la parte del versículo que dice: "así como prospera tu alma." Éstos oyen entendiendo que Dios les dará prosperidad y salud *en correlación* con la prosperidad de sus almas.

A lo largo de estos últimos años he desarrollado el hábito de detenerme con frecuencia para asegurarme de lo que estoy sintiendo en mi espíritu. Nuestra alma (o mente) puede estar llena de ansiedad; nuestra propia voz interior puede estar lanzando a nuestros pensamientos dudas, tales como:

- ¡No lo vas a lograr!
- ¡Esto no va a resultar!
- ¡Es una idea tonta!
- ¡A nadie le importa lo que estás haciendo!
- ¡De todas formas ni siquiera estás oyendo a Dios!
- ¡Por qué no te sientas y cierras la boca!

Los pensamientos negativos pueden azotarnos hasta el punto de que sintamos ganas de darnos por vencidos. Pero si nos detenemos un minuto para preguntar: "Señor, ¿qué tienes que decir sobre esto?", en lo profundo de nuestro espíritu, donde mora el Espíritu Santo, percibiremos su respuesta surgir con fe y promesa y verdad que nos libera de toda la ansiedad que nuestra mente nos ha estado provocando.

Recuerdo una circunstancia específica en que me ayudó mucho esto de cerciorarme de lo que el Espíritu estaba diciendo. Acababa de terminar una reunión y había trabajado muy duro para asegurarme que fuera buena y de ayuda para la gente. Aunque parecían disfrutar de la reunión, oía continuamente en mi cabeza que "nadie había sido bendecido y la mayoría desearía no haber venido".

Sentía que era un miserable fracaso, lo cual sabía que no era la voluntad de Dios para mí, así que permanecí en quietud para escuchar lo que el Espíritu Santo trajera a mi espíritu. Al instante oí ese murmullo suave y apacible, esa intuición que está en lo profundo de nuestro ser: "Si la gente no quisiera estar aquí, no habría venido; si no lo estuvieran disfrutando, muchos ya se habrían ido. Yo te di el mensaje, y jamás le doy a nadie cosas malas para predicar, así que no permitas que Satanás te robe el gozo de tu labor".

Tu cabeza te podrá decir: "Dios no te ama", pero si escuchas a tu espíritu con oídos santificados oirás: "Dios te ama incondicionalmente y tiene un gran plan para tu vida".

A Dios lo oímos a través de nuestro espíritu, no de nuestra mente. No nos sorprende que Dios diga: "Estad quietos, y sabed que yo soy Dios" (Sal 46:10, LBLA).

Cuando el diablo azota mi mente, mis sentimientos y mis emociones con temor e incredulidad, cierro mis ojos por un minuto y digo: "Señor, ¿cuál es la verdad?"

Entonces, simplemente lo *sé*. Sé que no voy a dejar de hacer lo que Dios me dijo que haga. Sé que no voy a abandonar el plan que Él ha trazado ante mí. Sé que en verdad estoy oyendo a Dios y que Él me llamó y me escogió, así que sigo avanzando hasta llegar a la meta.

A medida que aprendes la diferencia entre las funciones de tu espíritu y las funciones de tu alma y de tu cuerpo, verás que te es más fácil discernir cuándo el diablo está tratando de agotar tu entusiasmo, y cuándo necesitas reponer fuerzas a través de la comunión con el Espíritu Santo.

Escuchar y obedecer determina nuestro destino eterno

La parte espiritual del hombre vive para siempre, ya sea en el cielo o en el infierno. Vivir en el infierno es estar totalmente separados de Dios, y es la existencia más espantosa. No podemos comprender lo horrendo que sería vivir en total separación de la presencia de Dios, lo cual significa estar completamente alejados de toda forma de bienestar, gracia, provisión, protección y, lo que es más terrible, de toda comunión íntima.

Aun los no creyentes disfrutan en una cierta medida de la presencia de Dios en la tierra, aunque no sean conscientes de ello. Pero en el infierno no habrá paz alguna, sino únicamente la soledad de la oscuridad total.

La eternidad es para siempre, y deberíamos estar más preocupados por la eternidad de lo que la mayoría de nosotros parece estar. Un día sonará una trompeta, y Jesús vendrá a buscarnos (ver 1Tes 4:16-17). Ahí sabremos que el tiempo que dedicamos a buscarle y a guiar a otros a Cristo *ahora* habrá valido la pena.

No hay nada de más valor en qué invertir nuestro tiempo que aprender a oír la voz de Dios hablar a nuestro espíritu. La Biblia dice: "Porque la palabra de Dios es viva y eficaz, y más cortante que cualquier espada de dos filos; penetra hasta la división del alma y del espíritu, de las coyunturas y los tuétanos, y es *poderosa* para discernir los pensamientos y las intenciones del corazón" (Heb 4:12, LBLA).

Cuando Dios habla, separa los pensamientos de nuestra alma de la verdad que está en nuestro espíritu, y hace realidad sus propósitos en nosotros. Cuando me convertí en una estudiante de la Palabra de Dios, no sabía cuándo estaba actuando movida por mis emociones y cuándo lo hacía operando en el espíritu, hasta que estudié la Palabra de Dios y aprendí a operar por fe en sus promesas.

Cuando quería algo, yo trataba de lograrlo. Y lo intentaba de todas las formas equivocadas. Si las cosas no salían como quería, pataleaba y hacía pucheros. Había veces en que no le dirigía la palabra a Dave por días enteros, con la esperanza de manipularlo para que me diera lo que quería. Todo lo que me interesaba era lo que *yo* quería. Era carnal, egoísta, egocéntrica y extremadamente miserable porque estaba dedicada a mí misma.

> La eternidad es para siempre; deberíamos estar más preocupados por la eternidad.

Muchas personas inician una relación con Dios con la esperanza de que Él les dé lo que quieren, y sus vidas de oración se limitan a una lista de *todo* lo que quieren. En consecuencia, permanecen bebés espirituales toda su vida. Cuando mueran, se deslizarán por la puerta del cielo pero nunca alcanzarán la victoria en esta vida, porque no han aprendido a escuchar a Dios y a oír lo que Él quiere para ellos.

No podemos andar en la carne y al mismo tiempo tener victoria o ser verdaderamente felices. Tampoco podemos pasarnos la vida buscando satisfacer nuestros propios deseos y a la vez afectar positivamente la existencia de los demás.

No es posible. Si seguimos la guía del Espíritu no cumpliremos los deseos de nuestra carne (ver Gl 5:16).

Dios restaura nuestra alma

Durante cierto tiempo, solía censurar todo lo que no quería porque pensaba que era del diablo, ¡y continué haciéndolo hasta que la "censuradora" dentro de mí se desgastó por completo! Pero entonces descubrí que mucho de lo que intentaba censurar provenía de Dios.

Mucho de lo que no me agradaba eran cosas que Dios había permitido para mi crecimiento y desarrollo.

Muchos cristianos dicen: "Dios me dijo", cuando lo que oyeron no era de Él en lo absoluto. Por eso es tan importante saber si la voz que estamos escuchando proviene de nuestra alma o de nuestro espíritu.

El Salmo 23 dice que Dios restaura nuestra alma, la cual es nuestra personalidad única, libre para escoger qué creer. El conocimiento adquirido es procesado en nuestra mente para luego tomar decisiones de acuerdo con lo que uno cree.

Nuestra alma no nos dice qué es lo que Dios quiere; simplemente expresa lo que conoce acerca de nuestros propios deseos. Nuestra alma nos dice lo que sentimos; nuestro espíritu nos dice cómo siente Dios. Nuestra alma también nos dice lo que *nosotros* pensamos, no lo que piensa Dios. Lo que queremos, pensamos y sentimos puede ser muy distinto de lo que Dios quiere, piensa y siente. Pero al comunicarnos con Dios en nuestro espíritu, puede realizarse una obra que transforme nuestra alma para que piense como Cristo. Nuestra alma *necesita* de ser renovada y fortalecida para pensar como la mente de Cristo.

Podemos permitir que el Espíritu Santo invada nuestra vida, y ser tan llenos de Él que le permitamos entrar a cada una de sus habitaciones: nuestros pensamientos, emociones, y aun nuestra voluntad. Para renovar nuestros pensamientos, nos hace falta recibir nueva información de la Palabra de Dios y de su voz hablando directamente a nuestro espíritu.

Filipenses 2 nos enseña a ocuparnos en nuestra salvación con temor y temblor apartándonos de todo lo que pueda ofender a Dios o desacreditar el nombre de Cristo (ver v. 12).

Cuando nuestras emociones se salen de control, debemos evitar que gobiernen nuestra vida. Es necesario someter nuestra voluntad a lo que Dios nos ordena hacer a través de su Palabra para nosotros.

Si no sentimos ganas de ir a la iglesia, vamos de todos modos. Si no tenemos ganas de dar una ofrenda de cien dólares que Dios nos dijo que diéramos, lo hacemos de todas formas. Y si Dios nos dijera que regaláramos objetos que querríamos conservar, los damos con gozo.

> Lo que Él quiere de nosotros es nuestra obediencia.

He descubierto que, si quiero ser feliz y tener unción en mi vida, debo ser obediente a la voz de Dios. No siempre tengo que saber *por qué* Dios quiere que haga cierta cosa; simplemente necesito saber qué es lo que me dice que haga, ¡y hacerlo!

"Andar en el espíritu" es una frase que los creyentes carismáticos han usado vagamente durante estas últimas décadas. Lo que significa para mí es oír a Dios hablar y luego hacer lo que me diga que haga. Podremos señalar con nuestro dedo cuando vemos que otras personas no están obedeciendo a Dios, pero lo que Él quiere de nosotros es nuestra propia obediencia.

Recuerdo cuando Dios comenzó a tratar conmigo para que fuera más paciente. Yo sabía que Él quería que le pidiera que me diera más paciencia, pero no oraba por eso porque, si lo hacía, sabía lo que sucedería. Entonces dije: "No, no voy a orar por eso todavía". Era lo suficientemente inteligente como para entender que, para desarrollar la paciencia, tendría que pasar pruebas que no quería soportar.

Estábamos en las últimas etapas de restauración de una casa de cincuenta y dos años, y me hallaba ansiosa de verla terminada, cuando finalmente, obedeciendo a la insistencia de Dios, le pedí que me enseñara paciencia. Oré para que perfeccionara mi fe y no permitiera que me faltara ninguna cosa buena.

Por supuesto, era necesario terminar la casa donde estábamos, antes de mudarnos a la nueva; ahí fue cuando todo comenzó a andar mal. Los contratistas no vinieron para terminar su trabajo, se nos entregaron el fregadero y la mesada equivocados, y también muebles que no habíamos elegido. Durante esas últimas semanas antes de terminar la casa, tuve muchas oportunidades para desarrollar la paciencia. Dios sabía que era la ocasión perfecta para aprender a ser paciente.

A los supervisores de la obra les dije: "¡Pueden estar contentos de que soy cristiana!" ¡Mi alma estaba turbada! Me parecía que todos los que trabajaban en la obra deberían haber podido terminar las cosas, pero se limitaban a decir: "Estamos haciendo todo lo que podemos y no hay nada más que se pueda hacer. Así son las cosas en la industria".

Fue tan duro oír eso. Mi alma necesitaba ser restaurada. Uno tarda mucho más tiempo en calmarse que en enojarse, y ahora soy mucho más paciente de lo que era antes; pero en ese momento, desee haber esperado a que la casa estuviera terminada antes de pedirle a Dios que me enseñara paciencia.

Dios ha hecho una buena obra en mí, y he cambiado mucho; pero esta prueba exigió mi alma al máximo.

Dios despierta nuestro espíritu dentro de nosotros

Nos comunicamos con Dios a través de nuestro espíritu. Jesús dijo que debemos adorar a Dios en espíritu y en verdad (ver Jn 4:24). Nuestro espíritu percibe intuitivamente la presencia de Dios, y recibe revelación cuando hay una manera mejor de hacer algo.

La mente recibe conocimiento de nuestra cabeza, pero el espíritu recibe un sentido más profundo de conocimiento o intuición, que muchos tratan de describir diciendo: "Simplemente estaba en mi corazón". Hay cosas que sabemos porque las hemos aprendido, pero hay otras que sabemos y que no hemos aprendido, porque el Espíritu Santo nos las comunica a través de nuestro propio espíritu. Por ejemplo, a veces cuando estoy predicando, digo cosas que no había pensado antes, y quedo tan sorprendida como los demás de la profunda sabiduría de esa enseñanza.

Nuestra conciencia también es parte de nuestro hombre espiritual. Cuando nuestro espíritu es despertado al conocimiento de Dios, podemos tener comunión con Él y recibir respuestas a través de nuestra intuición y nuestra conciencia. El espíritu y el alma deberían obrar juntos, y el cuerpo debería actuar como siervo de ambos.

Cuando el cuerpo rige la mente y el espíritu de una persona, el plan de Dios para ese individuo queda patas para arriba. Jesús dijo: "Velad y orad, para que no entréis en tentación; el espíritu está dispuesto, pero la carne es débil" (Mt 26:41, LBLA).

Jesús estaba tratando de hacer que los discípulos oraran con él, con el propósito de prepararlos para la tentación que sobrevendría, pero ellos se dormían. Jesús les decía: "No duerman,

¡oren!, pues serán tentados más allá de lo que pueden soportar si no oran." Quería que hicieran lo que Él estaba haciendo.

Mientras Jesús oraba, un ángel vino a fortalecerlo en espíritu, de modo que pudiera soportar la tentación que venía contra Él. Pero sus discípulos no oraron, sino que se durmieron, demostrando que la carne es débil.

Nuestro espíritu está dispuesto a hacer lo correcto, pero la carne no nos ayuda. Por el contrario, nos impulsará hacia abajo si no oramos pidiendo a Dios que nos fortalezca en espíritu y que circuncide nuestros corazones para resistir la tentación. Isaías 11:1-3 se refiere a Jesús diciendo:

> "Y brotará un retoño del tronco de Isaí, y un vástago de sus raíces dará fruto. Y reposará sobre Él el Espíritu del Señor, espíritu de sabiduría y de inteligencia, espíritu de consejo y de poder, espíritu de conocimiento y de temor del Señor. Se deleitará en el temor del Señor, y no juzgará por lo que vean sus ojos, ni sentenciará por lo que oigan sus oídos" (LBLA).

Jesús no tomaba decisiones basándose en lo que sentía, o en lo que pensaba, oía o veía. Él es Aquel que dijo: "Padre mío, si es posible, que pase de Mí esta copa; pero no sea como yo quiero, sino como tú *quieras*" (LBLA). No es que Jesús no tuviera deseos como nosotros, sino que Él no actuaba según su propia voluntad; caminaba de acuerdo con lo que sabía que era lo correcto en su Espíritu.

Necesitamos vivir en un ámbito más profundo que nuestros cuerpos, y que nuestras almas, necesitamos vivir en el lugar más profundo de nuestro ser: nuestro espíritu, el cual puede comunicarse con el Espíritu de Dios y oír claramente la dirección que debemos tomar. Jesús tomaba decisiones basándose en este ámbito espiritual. Nos metemos en problemas cuando tomamos las decisiones sin apoyarnos en ese campo espiritual

Las personas que disfrutan de una buena vida son las que caminan con Dios y superan los problemas escuchando cuando el Espíritu habla a sus corazones. Ven las cosas en el espíritu, entendiendo la diferencia entre los pensamientos del alma y la intuición del espíritu. Poco a poco y cada vez más, obedecen al Espíritu Santo y no se rinden a los deseos de la carne, gracias a lo cual también tienen victoria en la vida cotidiana.

La única vez que alcanzamos una victoria es cuando pasamos por distintas situaciones y aprendemos a oír a Dios. La victoria llega cuando le decimos no a la carne, morimos al yo, y hacemos lo que Dios ha dicho que hagamos, sin importar cómo nos sintamos al respecto ni qué piensan los demás.

> Necesitamos vivir en el lugar más profundo de nuestro ser— nuestro espíritu.

David el salmista nos enseñó a buscar la dirección de Dios, diciendo: "Mi corazón reflexiona por las noches; mi espíritu medita e inquiere" (Sal 77:6, NIV).

La próxima vez que tengas que tomar una decisión, no intentes razonarla con tu cabeza. Ve a algún sitio donde puedas aquietarte y permitir que tu espíritu busque diligentemente oír la voz de Dios. Dedica tus oídos, tus manos y pies a Él en oración:

> *Señor:*
>
> *Te pido que unjas mis oídos para oír tu voz, unge mis manos para trabajar en tu plan, y mis pies para que sólo vayan a donde Tú me guíes. Santifícame para tu propósito, y circuncida mi corazón para anhelar lo que Tú deseas para mí.*
>
> *Amén.*

Preguntas para reflexionar

1. ¿Hay alguna área de tu vida en la cual primero hayas planeado y después le hayas pedido a Dios que bendiga tu decisión? ¿Qué crees que deberías hacer ahora que te has dado cuenta de esto?

2. ¿Cuál es la diferencia entre tu espíritu y tu alma? ¿De acuerdo con cuál estás viviendo?

3. ¿Qué significa renovar y fortalecer nuestro espíritu? ¿Necesita tu espíritu renuevo y refrigerio? ¿De qué formas puedes lograrlo?

4. ¿En qué basas tus decisiones? ¿En las emociones, en la Palabra de Dios, en la opinión de los demás, o en una combinación de éstas? ¿Por qué?

5. Describe alguna victoria (de acuerdo con la definición dada en este capítulo) que hayas alcanzado en tu vida recientemente. ¿Cómo te hizo sentir?

6. ¿Cómo distingues el conocimiento racional y el sentido más profundo de conocimiento o percepción en tu espíritu? ¿Por cuál te sientes más inclinado?

7. ¿Qué te está guiando a hacer Dios en respuesta al mensaje de este capítulo?

14

Disfruta de una vida guiada por el Espíritu

=

Dios tiene un plan admirable para bendecirnos en abundancia y sin límites, pero para poder disfrutar de él en plenitud, debemos obedecerle de todo corazón y sin límites. Para permanecer en el camino que conduce a las bendiciones de Dios, necesitamos de su ayuda. Él sabe cómo luchar con nosotros hasta derribarnos si fuera necesario, y cada día le doy permiso para que lo haga conmigo.

Dios pone su Espíritu Santo en nosotros para guiarnos hacia la perfecta paz; y si estamos escuchando lo que nos da paz, nuestras decisiones serán sabias. El apóstol Pablo escribió: "Todo me está permitido, pero no todo es para mi bien. Todo me está permitido, pero no dejaré que nada me domine" (1 Co 6:12, NVI).

Hay muchas cosas que *podríamos* hacer, y Dios no diría una palabra al respecto. Nos referimos a esto como la voluntad permisiva de Dios. Él no nos va a dar una palabra divina para cada uno de los pasos que demos, pero si pedimos su opinión, Dios siempre nos proveerá de sabiduría. Él es fiel para llenar nuestro corazón de paz cuando avanzamos por el camino correcto, y para quitarla cuando nuestros pasos se desvían.

Tengo una fuerte personalidad. Por algún tiempo, estuve preocupada pensando que quizás nunca lograría caminar en la perfecta voluntad de Dios, sin importar cuánto tratara de obedecerle. Pero Dios me mostró que si oro y confío en Él, me mantendrá en su perfecta voluntad. Si me desvío de su senda, Dios, por su gracia, se asegurará que retome la dirección correcta. He aprendido que podemos estar seguros de que Dios nos ayudará a seguir obedeciéndolo.

Cada mañana, nuestra oración debería ser más o menos así:

> *Dios:*
> *Quiero caminar toda mi vida en tu perfecta voluntad. No quiero tu voluntad permisiva; no quiero hacer nada sin contar con tu aprobación y con tu bendición. Si intento hacer algo que no es lo mejor que tienes para mí, por favor haz que tenga dudas en mi corazón, un alerta en mi espíritu, para mantenerme en la senda de tu plan.*
> *Ayúdame a someterme a Ti.*
> *Ayúdame a no ser terco.*
> *Ayúdame a no ser obstinado.*
> *Ayúdame a no permitir que mi corazón se endurezca.*
> *Dios, quiero que tu voluntad obre por completo en mi vida. Ya he experimentado el fruto de mi propia voluntad lo suficiente como para saber que, si hago las cosas a mi manera, y no es lo que Tú quieres, va a resultar mal. Estoy dispuesto a obedecerte, pero por favor ayúdame a oír claramente lo que me dices que haga. Amén.*

Si oramos de esta manera, estoy segura de que Dios nos mantendrá en su perfecta voluntad. He vivido la vida a mi manera lo suficiente como para saber que mis planes no son tan gratificantes como los de Dios; y le ruego que no me deje hacer nada que no sea su voluntad para mí.

Si estoy orando por algo que no está claramente tratado en la Palabra de Dios, o si me estoy enfrentando a una decisión para la que no encuentro capítulo y versículo que me guíe, oro:

> *Dios:*
> *Quiero esto, pero más que mi voluntad, quiero la tuya. Así que, si mi petición no está en el tiempo de tu voluntad, o si lo que estoy pidiendo no es tu voluntad para mí, por favor no me lo des. Amén.*

Puede ocurrir que nuestras emociones nos dirijan a hacer algo que parece ser de Dios pero, pasado un tiempo, nos demos cuenta de que simplemente se trató de una buena idea que no tiene esperanza de realizarse sin el poder de la unción de Dios. Podemos orar por los proyectos que comenzamos, pero no tiene sentido que nos enojemos con Dios si Él no los lleva adelante, pues no está obligado a terminar algo que Él no inició.

La Biblia dice que fijemos nuestros ojos en Jesús, quien es el Autor y Consumador de nuestra fe (ver Heb 12:1-3). Si mantenemos los ojos puestos en Él, disfrutaremos sin límite de la bendición de la vida abundante que nos prometió.

> Dios no está obligado a terminar algo que Él no inició.

Oír a Dios hablarnos es la mayor bendición de esta vida:

> "Bienaventurado el hombre que halla sabiduría y el hombre que adquiere entendimiento; porque su ganancia es mejor que la ganancia de la plata, y sus utilidades *mejor* que el oro fino. Es más preciosa que las joyas, y nada de lo que deseas se compara con ella. Larga vida hay en su mano derecha, en su mano izquierda, riquezas y honra.

Sus caminos son caminos agradables y todas sus sendas, paz" (Pr 3:13-17, LBLA).

Dios te guiará a tomar decisiones correctas

Cuando escuchamos la guía de Dios, tomamos decisiones que nos conducen a riquezas, honra, paz y a caminos agradables. En otras palabras, como he dicho, seremos bendecidos en abundancia y sin límites. Una vez que Dave y yo pedimos que Dios nos guíe, sólo usamos la sabiduría y el sentido común, tanto para los asuntos importantes como para los de menor trascendencia.

La sabiduría siempre te conducirá a lo mejor de Dios para tu vida. Ella nos enseña que no conservaremos a nuestros amigos si intentamos controlar y dominar todo lo que sucede en su vida, o si hablamos de ellos a sus espaldas. La sabiduría nos dice: "No digas de otros cosas que no quieres que digan de ti".

El sentido común nos guiará en cuestiones de dinero: si no gastamos más de lo que ganamos, no nos meteremos en deudas. Hay quienes piensan que se puede llevar adelante un ministerio sin aplicar buenos principios de negocios, y por esa razón nunca alcanzan a tener un ministerio fructífero. No hace falta que el Espíritu Santo nos hable con voz audible para decirnos que no podemos tener más gastos que ingresos, porque estaremos en problemas si lo hacemos.

La sabiduría no nos permitirá ocupar desproporcionadamente nuestro tiempo. No importa cuán ansiosos estemos de alcanzar ciertos logros, necesitamos tomar tiempo y esperar en Dios para que nos dé paz respecto a lo que debemos o no debemos hacer. Me resultó muy penoso tener que aprender, a lo largo de los años, a decir no a algunas de las invitaciones que recibo para predicar, pero aprendí que no es sabio desgastarme tratando de hacer tantas cosas, que termine no haciendo ninguna de ellas con calidad.

Para Dios, la calidad es más importante que la cantidad. En muchas ocasiones la sabiduría nos guía a decir que no a cosas a las cuales desearíamos decir que sí, y a decir que sí a algo a lo que desearíamos decir que no. Supongamos que una amiga, a quien últimamente he tenido que decirle que no en varias ocasiones, me invita a compartir una actividad que significa mucho para ella: si valoro su amistad y quiero conservarla, podría ser sabio que acepte esta vez la invitación —aun si prefiero declinarla.

La sabiduría es nuestra amiga; nos ayuda a no vivir lamentándonos. Creo que lo más triste sería llegar a la vejez, mirar hacia atrás, y tener que arrepentirme de cosas que hice y de otras que dejé de hacer. La sabiduría nos ayuda a realizar elecciones de las que nos sentiremos felices más adelante. La sabiduría no tiene nada que ver con las emociones, y para conocer la voluntad de Dios debemos mirar más allá de nuestros sentimientos.

Pedro no estaba seguro de lo que debía hacer después de que Jesús resucitó y les demostró estar vivo a él y a los discípulos. Así que volvió a la ocupación que tenía antes de conocerlo, diciéndoles a los demás: "Me voy a pescar" (esta historia se encuentra en Juan 21:2-18). Los

> Las decisiones emocionales nos dejan "con las manos vacías".

demás decidieron irse a pescar con él, pero después de trabajar toda la noche, no habían pescado nada.

"Cuando ya amanecía, Jesús estaba en la playa; pero los discípulos no sabían que era Él. Entonces Jesús les dijo: Hijos, ¿acaso tenéis algún pescado? Le respondieron: No" (vv. 4-5, LBLA). Las decisiones emocionales por lo general nos dejan "con las manos vacías". En otras palabras: no consiguen la clase de resultados que nos producen satisfacción.

"Y Él les dijo: Echad la red al lado derecho de la barca y hallareis *pesca*. Entonces la echaron, y no podían sacarla por la gran cantidad de peces" (v. 6, LBLA).

Es interesante que Jesús no haya llamado a los discípulos "hombres", sino que los llamó "hijos". Y les preguntó: "¿Les va bien en lo que están tratando de hacer?" Es una pregunta que también deberíamos hacernos nosotros cuando no tenemos fruto (o pesca) después de largas horas de trabajo.

Cuando pescamos fuera de la voluntad de Dios, equivale a pescar del lado equivocado del bote. En ocasiones, luchamos, nos esforzamos, trabajamos y nos fatigamos para que suceda algo grande. Intentamos cambiar las cosas, o a nosotros mismos, o comenzar nuestro ministerio, o hacerlo crecer. Tratamos de conseguir más dinero. Tratamos de ser sanados. Intentamos cambiar a nuestro cónyuge, o en todo caso encontrarlo. Puede ocurrir que trabajemos y trabajemos y trabajemos y trabajemos, y sigamos sin tener nada que mostrar después de tan ardua labor.

¿Has conseguido algo? ¿Has logrado algo además de terminar agotado? Si la respuesta es no, quizás estés pescando del lado equivocado del bote. Si escuchas la voz de Dios, Él te dirá dónde debes arrojar tu red.

Simplemente ora:

> *Dios:*
> *Lo que Tú quieras para mí, eso es lo que quiero. Rindo mi vida a ti y te pido que se haga tu voluntad y no la mía. Amén.*

La voluntad de Dios te guiará a hacer buenas obras

"Entonces, cuando habían acabado de desayunar, Jesús dijo a Simón Pedro: Simón, *hijo* de Juan, ¿me amas más que a éstos? *Pedro* le dijo: Sí, Señor, tu sabes que te quiero. *Jesús* le dijo: Apacienta mis corderos" (Jn 21:15, LBLA).

Tres veces le preguntó Jesús a Pedro: "¿Me amas? Pedro, ¿me amas? ¿Me amas?" Finalmente, a la tercera vez, Pedro se entristeció de que Jesús continuara preguntándole lo mismo. Le dijo: "Sí, Señor, Tú sabes que te amo". Entonces descubrimos la solemne razón por la que Jesús le estaba haciendo esa pregunta a Pedro.

"En verdad, en verdad te digo: cuando eras más joven te vestías y andabas por donde querías; pero cuando seas viejo extenderás las manos y otro te vestirá, y te llevará adonde no quieras" (Jn 21:18, LBLA).

Dios me desafió con esa Escritura, pues yo tenía mi propio plan y andaba en mis propios caminos. Si realmente deseamos hacer la perfecta voluntad de Dios, puede suceder que Él nos pida cosas que no queremos hacer; pero si en verdad lo amamos, permitiremos que haga como Él quiera en nuestra vida.

Creo que en este pasaje Jesús nos muestra que, cuando éramos cristianos jóvenes, y poco maduros, íbamos a donde bien nos parecía; al ser bebés espirituales, hacíamos lo que queríamos. Pero a medida que maduramos, debemos extender nuestras manos y rendirnos a Dios, estando dispuestos a seguirle a lugares adonde tal vez no queramos ir.

De este pasaje pueden extraerse muchos mensajes. Si amamos a Jesús, la esencia de la obediencia es ocuparnos de aquellos a quienes Él ama. En sus palabras a Pedro, Jesús nos estaba diciendo a nosotros: "Si me amas, haz algo por otro, en mi nombre".

Jesús dijo: "Si me amáis, guardareis mis mandamientos" (Jn 14:15, LBLA). Según cuánto le amemos, en ese grado le obedecemos. Según cuánto le obedezcamos, esa será la medida de nuestro amor por Él. Nuestro amor por Jesús aumentará así como aumente nuestra obediencia.

Yo estoy loca y totalmente enamorada de Jesús. Lo amo más que cuando puse mi confianza en Él por primera vez.

Porque lo amo, estoy dispuesta a obedecerle aun si eso significa sufrir en la carne y no complacerme a mí misma.

> "Por tanto, puesto que Cristo ha padecido en la carne, armaos también vosotros con el mismo propósito, pues quien ha padecido en la carne ha terminado con el pecado, para vivir el tiempo que *le* queda en la carne, no ya para las pasiones humanas, sino para la voluntad de Dios" (1 P 4:1-2, LBLA).

Es importante entender la diferencia entre sufrir carnalmente y padecer aflicción demoníaca. El abandonar los apetitos egoístas de nuestra carne no significa que vayamos a sufrir enfermedades, padecimientos y pobreza. Jesús murió para liberarnos de la maldición del pecado, pero a menos que estemos dispuestos a padecer en la carne, jamás caminaremos conforme a la voluntad de Dios.

Cuando nos levantamos a la mañana, deberíamos prepararnos para ese día pensando con la mente de Cristo, enfocando nuestros pensamientos para caminar en la voluntad de Dios durante todo el día. Podemos decirnos: "Aun si tengo que sufrir para cumplir la voluntad de Dios hoy, estoy determinado a obedecer."

Para llevar a cabo esas buenas intenciones, debemos amarlo lo suficiente como para permitir que el amor de Dios gobierne nuestro día. La Palabra dice: "Ármense ustedes de este mismo tipo de pensamiento, que yo preferiría sufrir antes que dejar de agradar a Dios" (ver 1 P 4:1 según traducción directa de *The Amplified Bible/La Biblia Amplificada* en inglés).[a] Si aprendes a pensar de esta manera, no volverás a desobedecer a Dios intencionalmente.

Dios te hablará claramente para que no dudes

Desde el Génesis hasta el Apocalipsis, Dios ha hablado a su

pueblo con instrucciones claras. Sus primeras palabras a la humanidad estaban saturadas con la promesa de bendición. Tan pronto como hubo creado al hombre y a la mujer, los bendijo y dijo: "Sed fecundos y multiplicaos, y llenad la tierra y sojuzgadla; ejerced dominio sobre los peces del mar, sobre las aves del cielo y sobre todo ser viviente que se mueve sobre la tierra" (Gn 1:28, LBLA).

En el primer capítulo del libro de Apocalipsis —la revelación de Jesucristo–, Juan escribe que oyó una voz que decía: "Yo soy el Alfa y la Omega, principio y fin" (v. 8). El libro en su totalidad es un registro de lo que el Espíritu de Dios le mostró a Juan.

Cuando Saulo, que había estado persiguiendo a los cristianos, iba camino a Damasco, le rodeó un resplandor de luz (ver Hch 9). La voz del Señor le habló, diciendo: "Saulo, Saulo, ¿por qué me persigues?" Y Saulo, quien más tarde fue llamado Pablo, dijo al instante: "Señor, ¿qué quieres que yo haga?" (ver vv. 4-6).

> Debemos amar a Dios lo suficiente para permitir que el amor de Dios gobierne nuestro día.

No es difícil entender por qué Dios eligió a Pablo para guiarnos a todos nosotros hacia la madurez en nuestro andar con Dios. Primero de todo, Dios eligió al peor pecador que pudo encontrar para mostrarnos lo que es en realidad la gracia. Al convertir a Pablo, Dios demostró su poder para encaminarnos por la senda que conduce a las bendiciones. Si pudo cambiar el rumbo de Pablo, que estaba lo más lejos que se pudiera estar de la voluntad de Dios, también puede librarnos a nosotros de nuestros desviados caminos.

Pablo estaba henchido de celo religioso, ¡pero estaba persiguiendo a los cristianos! Él era sincero, pero estaba sinceramente equivocado. Él creía sinceramente que le estaba prestando un servicio a Dios al atrapar y encarcelar a los seguidores de Cristo. Tan pronto como Jesús corrigió a Pablo, él se sometió y dijo: "Señor, ¿qué quieres que yo haga?"

Cuando Dios nos habla, quiere oírnos decir: "Sí, Señor, tu siervo oye. ¿Qué quieres que haga?"

Dios nos dice claramente en su Palabra lo que quiere que hagamos. Si quieres oírle hablarte más claramente, entonces permanece en ella, y te hablará por medio de la Palabra escrita (*logos*), iluminando Escrituras que te darán palabras de vida relevantes (su palabra *rema*) para mostrarte lo que quiere que sepas y que hagas.

Ha habido ocasiones, cuando estaba leyendo la Biblia, buscando dirección, en que una Escritura pareció iluminar toda la página. Ese pasaje respondía específicamente a mi necesidad de ese momento, y se hacía real, llena de significado, como si estuviera manteniendo una conversación íntima con Dios.

Cuanto más conozcas la Palabra de Dios, tanto más podrá traer a memoria Escrituras que necesitas como respuesta a situaciones que se presentan durante el día. Las ideas, los pensamientos, la persistencia divina y el testigo interior que hemos tratado en este libro, siempre estarán alineados con la Palabra de Dios.

Cierto día estaba emocionalmente lastimada por algo que había sucedido. Dave y yo habíamos sido tratados injustamente, y me sentía un poco deprimida por eso. Estaba en un avión, y decidí leer la Biblia. Cuando la abrí en Zacarías 9:12, las palabras parecían salirse de la página, y decían: "Volved a la fortaleza, oh cautivos de la esperanza; hoy mismo anuncio que el doble te restituiré" (LBLA).

Al ver ese versículo, mi fe creció a un nivel más alto, y supe con toda seguridad que Dios me estaba hablando sobre mi situación. Sabía que si no abandonaba la esperanza, si mantenía la actitud correcta, vería el día en que Dios me devolvería el doble de lo que me habían quitado en esa circunstancia.

Exactamente un año después, Dios hizo una obra notable y demostró ser fiel a su promesa, restaurando el doble de lo que nos habían sacado injustamente, y lo hizo por medio de las mismas personas que nos habían hecho daño.

La justicia de Dios es agradable; no dejes de esperarla.

Jesús enseñó que el corazón maduro es como buena tierra que oye la Palabra, la retiene, y, por su perseverancia, produce fruto (ver Lc 8:15). El Espíritu Santo sabe exactamente lo que necesitas para que tu esperanza se renueve. Yo abrí la Biblia esperando recibir de parte de Dios una palabra que me ayudara, pero Él sobrepasó mis mayores esperanzas, no sólo confortándome, sino también prometiendo restaurar lo que había perdido. Esa Escritura también es una promesa para ti; aférrate a la esperanza en la Palabra de Dios y no permitas que sus promesas se te escapen de las manos por no saber lo que Él te está diciendo. La fe viene por el oír, y el oír, por la Palabra de Dios (ver Ro 10:17).

Dios te guiará por medio de la paz

Hemos señalado anteriormente que Dios guía a su pueblo por medio de la paz, pero ahora querría explayarme sobre este tema, ya que es tan importante. La gente que hace cosas respecto de las cuales no tiene paz, vive una vida desdichada y no logra el éxito en nada. ¡Tú sigue la paz!

Si estás haciendo algo, como ver televisión, y de pronto pierdes la paz respecto a eso, has oído a Dios. La falta de paz es Dios que te está diciendo: "Apágalo. Corre hacia otro lado. Huye de lo que estás haciendo". La Palabra de Dios dice: "Con toda diligencia guarda tu corazón, porque de él *brotan* los manantiales de la vida" (Pr 4:23, LBLA).

Si no sentimos paz, no estamos obedeciendo a Dios, porque debemos permitir que esa paz gobierne como un árbitro en nuestro corazón: "Y que la paz de Cristo reine en vuestros corazones, a la cual en verdad fuisteis llamados en un *solo* cuerpo; y sed agradecidos" (Col 3:15, LBLA).

Si pierdes la paz al decir algo, Dios te está hablando. Te ahorrarás muchos problemas si te disculpas en ese mismo momento, pudiendo decir: "Siento haber dicho eso. Cometí un error al hacerlo; por favor perdóname".

> Dios guía a su pueblo por medio de la paz.

Toda vez que perdemos la paz, estamos oyendo a Dios. A mí me encanta el mover de lo sobrenatural, pero no hay nada más poderoso que la brújula de la paz en nuestro corazón. Dios nos guiará misericordiosamente usando la paz; síguela: "Buscad la paz con todos y la santidad, sin la cual nadie verá al Señor" (Heb 12:14, LBLA).

Dios te guiará con voz suave y apacible

La voz audible de Dios no es algo que oigamos con frecuencia. La principal manera en que oímos a Dios es por medio de su murmullo suave y apacible, o ese testigo interior, en lo profundo de nuestro ser. Y la razón principal por la que no lo oímos es sencillamente porque estamos demasiado ocupados. Él nos dice: "Estad quietos, y sabed que yo soy Dios" (Sal 46:10, LBLA).

Ya hemos mencionado la vez en que Elías estaba huyendo de las amenazas de muerte de Jezabel, y que necesitaba oír a Dios (ver 1 R 19). Elías era un gran hombre de Dios, pero se encontró en medio de una situación desesperante. Es reconfortante saber que este gran profeta de Dios era un ser humano con una naturaleza similar a la nuestra (ver Stg 5.17). Él tenía las mismas emociones y sentimientos que nosotros, y su constitución física era igual a la nuestra. Con todo, oró para que no lloviera, y no llovió durante seis meses. Cuando oró para que volviera a llover, sucedió (ver vv. 17-

18). Sin embargo, Elías finalmente llegó a tener tanto miedo que le rogó al Señor que le quitara la vida.

Su historia nos muestra que no importa cuán grande sea nuestra fe, siempre necesitaremos oír a Dios en algún momento. Cuando estamos en dificultades, Dios vendrá y nos ayudará a retomar el camino correcto, si desarrollamos un oído alerta que escucha su voz. La historia de Elías nos recuerda que Dios entiende nuestras debilidades y que, aunque cometamos errores, podemos orar oraciones poderosas que Él oirá:

"Y acostándose bajo el enebro, se durmió; y he aquí, un ángel lo tocó y le dijo: Levántate, come. Entonces miró, y he aquí que a su cabecera había una torta cocida sobre piedras calientes y una vasija de agua. Comió y bebió, y volvió a acostarse. Y el ángel del Señor volvió por segunda vez, lo tocó y le dijo: Levántate, come, porque es muy largo el camino para ti. Se levantó, pues, y comió y bebió, y con la fuerza de aquella comida caminó cuarenta días y cuarenta noches hasta Horeb, el monte de Dios. Allí entró en una cueva y pasó en ella la noche; y he aquí, vino a él la palabra del Señor, y Él le dijo: ¿Qué haces aquí, Elías? Y él respondió: He tenido mucho celo por el Señor, Dios de los ejércitos; porque los hijos de Israel han abandonado tu pacto, han derribado tus altares y han matado a espada a tus profetas. He quedado yo solo y buscan mi vida para quitármela. Entonces Él dijo: Sal y ponte en el monte delante del Señor. Y he aquí que el Señor pasaba. Y un grande y poderoso viento destrozaba los montes y quebraba las peñas delante del Señor; pero el Señor no estaba en el viento. Después del viento, un terremoto; pero el Señor no estaba en el terremoto. Después del terremoto, un fuego; pero el

Señor no estaba en el fuego. Y después del fuego, el susurro de una brisa apacible" (1 R 19:5-12, LBLA).

Cuando Elías oyó la voz, salió fuera de la cueva. Dios le preguntó otra vez: "¿Qué haces aquí, Elías?" No sé exactamente lo que representan el viento, el terremoto y el fuego; pero creo que es bastante probable que representen toda la turbación que había en el interior de Elías. Me imagino que su mente habría una terrible confusión, sus emociones serían un caos, y su voluntad estaría abatida.

> Cuando hay un estado de alboroto a nuestro alrededor, nos resulta muy difícil oír a Dios.

Me hace tan feliz de que Dios haya rescatado a Elías de su sentido de fracaso. Yo misma necesito tener esa certidumbre. Creo que una de las razones por las que tanta gente me escucha es porque admito cuando hago algo mal, y la gente tiene relación con eso de cometer errores. Cuando hay un estado de alboroto a nuestro alrededor, nos resulta muy difícil oír a Dios.

Una cosa que hoy en día constituye un problema es la vida apurada, frenética y de estrés en que vive la gente. El estar muy ocupados hace que oír a Dios sea todo un desafío. Uno de los mejores favores que puedes hacerte a ti mismo es encontrar un lugar donde puedas estar en silencio y quietud.

Quédate a solas con Dios

Oír a Dios requiere soledad apacible. Si realmente deseas oír la suave y dulce voz de Dios, tendrás que estar quieto. Para esto, necesitarás ir a algún sitio y estar solo. Encuentra una cueva, como lo hizo Elías, donde simplemente puedas permanecer en quietud. Jesús dijo: "Entra en tu aposento y cierra la puerta" (ver Mt 6:6).

Para buscar a Dios necesitas períodos de quietud extensos, y libres de toda distracción e interrupción. No estoy diciendo que necesites hacer esto en todo momento, pero debes disponer de tiempo en que puedas estar a solas con Dios. Si no, te estás perdiendo lo mejor que Él tiene para ti.

En los momentos a solas con Dios, Él te dará una visión del rumbo que debes tomar. A medida que vayas avanzando hacia tu destino, tendrás que visitarlo con frecuencia para saber cuál es el próximo paso a dar.

En nuestro hogar, Dave y yo tenemos oficinas donde podemos orar y estudiar. Nuestros cuatro hijos trabajan para nosotros en la oficina central, a sólo unos pocos minutos de casa; cuando necesitan algo, frecuentemente vienen y van. En nuestra oficina principal los teléfonos no dejan de sonar, y cada vez que salgo de mi oficina hay alguien que necesita hacerme algunas preguntas. Aun teniendo dos oficinas, no dispongo de un lugar para estar a solas y buscar a Dios sin interrupciones.

Por este motivo he tenido que buscar otro lugar donde nadie pueda encontrarme. Sólo le dejo el número telefónico de donde estoy a dos o tres personas, y saben que no deben llamarme por nada a menos que sea de extrema urgencia.

Tengo que estar a solas con Dios; a veces me quedo dos o tres días sola con Él. Sin ese tiempo yo no puedo cumplir mi llamado; pues tengo una tarea, un encargo de parte de Dios, de traer palabra a esta nación y al mundo. Necesito oír a Dios; y si no me aparto de todo para darle a Él el primer lugar en mi vida, no puedo oír su voz o ser guiada por su Espíritu Santo. Tengo que tener tiempo para darle al Señor completa atención.

No puedes esperar hasta que las circunstancias te exijan que busques a Dios. Debes decidirte y decirle a los que te rodean: "Necesito estar a solas para buscar a Dios". Nadie más que tú puede encontrar el tiempo para estar con Él.

Yo trataba de acomodar a Dios entre todas las cosas improductivas que me mantenían ocupada. Pero éste es uno de los mejores consejos que el Señor me haya dado jamás: *"No intentes acomodarme a tu agenda; acomoda tu agenda a Mí"*. Entonces tuve que cambiar por completo mi enfoque y poner a Dios primero; y descubrí que todo lo que no se llegaba a realizar, realmente no era necesario.

Cuando estás a solas con Dios, no pienses en tus problemas. Sólo siéntate, aquiétate, y contesta la pregunta que Dios te hace: "¿Qué haces aquí?"

Dile que anhelas saber lo que Él tiene para tu vida.

Pídele que te diga lo que quiere que hagas.

Pídele que te diga lo que *no* quiere que hagas.

Cuando acudes a Dios, lo estás honrando. Preséntate a Él y escucha; y *recibirás* su respuesta. Si no le oyes hablar durante el tiempo a solas con Él, mantén tu oído alerta hacia su trono, y en los días siguientes busca las posibles formas en que te pueda responder.

Una vez, cierta joven me dijo: "No entiendo a Dios en lo absoluto. Estuve varias horas orando, tratando de recibir una palabra suya, y no me dijo nada". Y agregó: "Dos días después, cuando iba hacia el refrigerador, Dios me habló del tema por el cual había orado". Ella quería saber: "¿Por qué no me respondió antes?"

Y yo le dije: "Eso no te lo puedo decir, pero si somos diligentes en buscar a Dios y en mostrarle que anhelamos su voluntad, Él ha prometido hablarnos. Quizás no nos hable en nuestro tiempo, pero nos hablará. Y también estoy segura de que no lo hará si no pasamos tiempo con Él".

Creo que a veces hacemos demasiado esfuerzo para oír a Dios. Quiero significar que deseamos tanto oír su voz que nos ponemos tensos; permitimos que esto nos cause ansiedad, y aun temor, de que quizás no nos hable o de que nosotros no podamos oírle. Esta podría ser una de las razones por las cuales oímos su voz un tiempo después de haberlo buscado, pues nos encontramos más relajados, atendiendo los deberes cotidianos; entonces puede hablarnos porque podemos oírlo.

Oirás a Dios hablarte en un momento en que haya quietud a tu alrededor y en tu interior: "Tus oídos oirán detrás de ti una palabra: este es el camino, andad en él, ya sea que vayáis a la derecha o a la izquierda" (Is 30:21, LBLA). Él dirigirá tu camino, de a un paso a la vez.

> Él dirigirá tu camino, un paso a la vez.

El mayor deseo de Dios

El mayor deseo de Dios para sus hijos es que experimenten lo mejor que Él tiene para sus vidas. Dios anhela que lo invitemos a entrar en cada área de nuestra vida y tener comunión íntima con nosotros, para hablarnos y guiarnos por su Espíritu en todas nuestras decisiones.

La voluntad de Dios es que podamos oírlo claramente; no desea que vivamos confundidos y atemorizados, sino que seamos decididos, confiados, y libres. Él quiere que cada uno de nosotros cumpla su destino y camine en la plenitud del propósito que Dios tiene para su vida.

Sí, podemos oír a Dios de una manera íntima, personal. Escuchar, ese es el primer paso para oír; vuelve tu oído a Dios y permanece en quietud, y lo oirás decirte que te ama y que está interesado en tu vida y tus necesidades. Dios quiere satisfacer esas necesidades y hacer por ti más de lo que podrías pensar o imaginar para bendecirte en abundancia (ver Ef 3:20). Él no te dejará ni te abandonará (ver Heb 13:5). Escúchalo y síguelo todos los días de tu vida.

Lo que Dios más desea es tener un pueblo que lo adore en espíritu y en verdad (ver Jn 4:23-24), que lo siga y conozca su voz (ver Jn 10:2-14). La profundidad de nuestra relación personal con Él se basa en nuestra comunicación íntima, y nos habla para que seamos continuamente guiados, fortalecidos, restaurados y renovados.

Romanos 14:17 nos enseña que el reino de Dios no es comida ni bebida, sino justicia, paz y gozo en el Espíritu Santo. Dios anhela que cada uno de sus hijos disfrute en su vida de una buena relación con Él por medio de Jesucristo, que tengan paz y gozo abundantes. Esta vida está a tu alcance, por lo cual te animo a no contentarte con menos.

Tú eres una de sus ovejas, y las ovejas conocen la voz de su Pastor, y no obedecerán la voz de un extraño.

Tú puedes oír a Dios, porque eso es parte de tu herencia. ¡Nunca creas lo contrario!

Preguntas para reflexionar

1. ¿Estás intentando pescar del lado equivocado del bote? ¿Estás tratando de hacer algo en tus propias fuerzas? Si es así, ¿qué se requiere para que obedezcas la voz de Dios respecto a ese asunto?

2. ¿Qué significa padecer en la carne? ¿De que formas estás padeciendo en la carne en este momento?

3. Describe alguna oportunidad en que la Palabra se hizo viva y contestó directamente una pregunta específica para la cual estabas buscando la dirección de Dios.

4. ¿Te sientes guiado por la paz? ¿Cómo? Da un ejemplo.

5. ¿Cuándo y dónde encuentras un tiempo y un lugar para permanecer en quietud para oír a Dios? ¿Con qué frecuencia lo haces? ¿Desearías poder hacerlo más seguido?

6. Pídele a Dios que te diga lo que quiere que hagas y también lo que no. Escucha y registra lo que te diga (fíjate que quizás no te responda inmediatamente).

7. ¿Qué significa adorar a Dios en espíritu y en verdad?

8. ¿Qué te está guiando a hacer Dios en respuesta al mensaje de este capítulo?

Notas

Capítulo 1

1. W. E. Vine, Merrill F. Unger, William White Jr., *Vine Diccionario Expositivo de Palabras del Antiguo y del Nuevo Testamento Exhaustivo*, (Nashville: Editorial Caribe) 2000, c1999. "Sección Nuevo Testamento", s.v. "CONSOLAR, CONSOLACIÓN, CONSOLADOR", B. Nombres. No. 3, parakletos.
2. Ibíd.

Capítulo 9

1. James Strong, "Hebrew and Chaldee Dictionary", *Strong's Exhaustive Concordance of the Bible* (Nashville: Abingdon, 1890), p. 87, entrada #5787, S.V. "ciego", Isaías 42:16, *ivver*, "ciego (lit. o fig)".
2. Strong, "Hebrew and Chaldee Dictionary", p. 20, entrada #982, S.V. "confianza" ("trust").
   Proverbios 3:5, *batach*, "sé valiente (confiado, sereno y seguro)" (En el original inglés: "be bold [confident, secure, sure]").

Capítulo 11

1. Vine, "Sección NuevoTestamento", S.V. "MANSEDUMBRE, MANSO" A. Nombres. No. 1. *prautes*.

Notas de la traducción al español

En las citas de la versión *La Biblia de las Américas* (LBLA) y de la *Nueva Versión Internacional* (NVI), salvo las excepciones que se señalan en cada caso, las letras en itálico o versales corresponden al empleo original en dichas obras.

Capítulo 11

1. Nota a la traducción española: En el original inglés, la autora emplea *The Amplified Bible* (La Biblia Amplificada), de la cual no existe versión en español. En general hemos usado las versiones LBLA y NVI, pero en este caso particular, ha sido necesaria la traducción directa del versículo, para posibilitar la comprensión del razonamiento consecuente.

Capítulo 14

1. Ibíd.

Sobre la autora

Joyce Meyer ha venido enseñando la Palabra de Dios desde 1976 y en ministerio a tiempo completo desde 1980. Es autora de más de 54 libros, entre ellos *Controlando sus emociones*, *El desarrollo de un líder*, *La batalla es del Señor* y *Conozca a Dios íntimamente*. Ha grabado más de 220 álbumes de audio casetes y más de 90 videos. El programa radial y televisivo de "Vida en la Palabra" se transmite a través del mundo. Ella viaja extensamente para compartir el mensaje de Dios en sus conferencias. Joyce y su esposo, Dave, han estado casados por más de 33 años, tienen cuatro hijos y viven en Missouri. Los cuatro están casados y tanto ellos como sus cónyuges trabajan junto a Dave y Joyce en el ministerio.

Para localizar a la autora en los Estados Unidos:
Joyce Meyer Ministries
P.O. Box 655
Fenton, Missouri 63026
Tel: (636) 349-0303
www.joycemeyer.org

Favor de incluir su testimonio o la ayuda recibida a través de este libro cuando nos escriba. Sus peticiones de oración son bienvenidas.

En Canadá:
Joyce Meyer Ministries Canada, Inc.
Lambeth Box 1300
London, ON N6P 1T5
Tel: (636) 349.0303

En Australia:
Joyce Meyer Ministries-Australia
Locked Bag 77
Mansfield Delivery Centre
Queensland 4122
Tel: (07) 3349 1200

En Inglaterra:
Joyce Meyer Ministries
P.O. Box 1549
Windsor SL4 1GT
Tel: 0 1753-831102